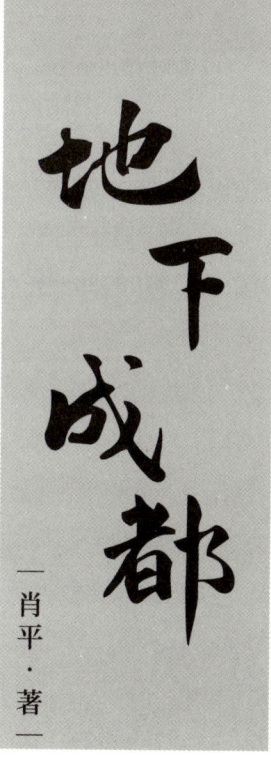

地下成都

肖平·著

成都时代出版社
CHENGDU TIMES PRESS

图书在版编目（CIP）数据

地下成都 / 肖平著. -- 成都：成都时代出版社，2019.9
ISBN 978-7-5464-2403-3

Ⅰ. ①地… Ⅱ. ①肖… Ⅲ. ①成都－地方史 Ⅳ. ①K297.11

中国版本图书馆CIP数据核字(2019)第087263号

地下成都
DIXIA CHENGDU

肖平 著

出 品 人	李若锋
责任编辑	蒋雪梅
责任校对	张　露
装帧设计	杨　艳
责任印制	李茜蕾

出版发行	成都时代出版社
电　　话	（028）86742352（编辑部）
网　　址	www.chengdusd.com
印　　刷	三河市明华印务有限公司
规　　格	165mm×240mm
印　　张	12.75
字　　数	180千
版　　次	2019年9月第1版
印　　次	2019年9月第1次印刷
书　　号	ISBN 978-7-5464-2403-3
定　　价	48.00元

著作权所有·违者必究
本书若出现印装质量问题，请与工厂联系。电话：0316-3661243

前 言

成都历史的地下印证

著名历史学家、美籍华人黄仁宇在他那本著名的《万历十五年》的前言中写道:"1959年,我在密歇根大学历史系读书,选定了'明代的漕运'作为博士论文的题目。这一研究过程花了五年。论文完成后……然而遗留的问题仍然不少……当时正值台北影印出版了《明实录》,此书为明代历史的渊薮,自然在所必读。全书一百三十三册,又无索引可资利用,所以只好硬着头皮,在教书之余每周阅读一册。这一走马观花式的阅览就花去了两年半。"黄先生做学问的精神令人赞赏,这让我想起自己写作这本《地下成都》的经历。

因为工作关系,我平时可以接触到大量的考古杂志、书籍,现在这些书籍、杂志都被搬到我床头的写字台上,就像是一匹匹古砖,摞得老高,令人望而生畏。然而,从这些"古砖"中爬剔成都地下历史的蛛丝马迹还是饶有乐趣的,所以我坚持下来,读完了有关成都地下考古的每一篇重要发掘报告。等我头昏眼花地抬起头来,发觉自己竟然像穿山甲一样在半年的时间中穿越了长达三四千年的漫长时间隧道。这个过程使我对地下成都有了比较深入的了解,我知道了古蜀人在修筑他们的城郭时所使用的工具,看到他们留在陶器内壁的一枚枚指纹。这些指纹是如此的清晰,像鲜明的印章一样。同时我也看到唐代成都城门下那道深深的车辙,还被宋代成都大量存在的夫妻合葬墓所感动,甚至闻到了水井街酒坊遗址所散发出的酒香……这些富有生活气息的印象源源不断地涌进我的脑海中，像最清晰的童年记忆，怎么抹也抹不掉。

的确，近些年成都的考古发现取得了丰硕的成果，不同时期的重要遗址和墓葬被相继揭示出来。由于这些墓葬和遗址对复原人类远古时期的生活所具有的重要意义，所以它们当年被评为中国的"十大考古新发现"之一：1996年的成都平原史前城址群的发现与发掘；1999年的水井街酒坊遗址的发现；2000年的商业街蜀王船棺合葬墓的发现……还有成都金沙遗址，被誉为"21世纪目前中国最为重要的考古发现"。

这些已经逝去而又重新被揭示出来的远古人类生活遗迹，构成了成都城市文明的根和源。现代成都的文化和历史都离不开它们的滋养，如果失去了这些宝贵的地下财富，我们的城市将是贫乏而枯燥无味的，就像是无根的浮萍，不知道自己从何处而来，又要往何处而去。我们幸运地生活在一座具有丰厚历史文化底蕴的城市里，我们能感觉到前人的脚步在这块土地上奔忙的声音，以及从时光隧道里发出的前人的呼吸和感叹。

对于一般人来说，考古也许是枯燥和索然无味的，那些精确的线描和地层分析都令人深感头痛。但我觉得考古非但不枯燥乏味，而且还非常生动有趣。比方说我在翻阅后蜀皇帝孟知祥陵墓的发掘报告时，就发现墓室中曾经挂着颜色鲜艳的重重帷幄，透过它们，隐隐约约能看见荧荧的长明灯火和华丽棺椁。在整本书的写作中，我被类似的感觉所萦绕，长时间处于莫名的兴奋状态。这种激动是源于对前人生活的发现，是对一些逝去已久的人类情感和经验的重新体味，这些发现和体味令人快乐无比。

在我们认知世界的过程中，那些官修的史籍和民间的资料也往往被视为真理。然而通过考古发掘，我们才知道，那些白纸黑字的官样文章有的其实是信口胡诌。比如成都最早的城市，史籍告诉我们是始于公元前311年的张仪筑城。然而就在这块土地上，我们发现了距今三千多年、有着高度文明形态的金沙遗址，遗址内呈现出的城市文明形态已经非常鲜明，有宫殿区、祭祀区、居住区、墓葬区、陶制品烧制区——当时的古蜀人已经懂得城市的规划和管理了。所以说，要认识一座城市的历史，最好的办法是通过地上地下的印证，或者说通过文献与考古的结合来查遗补漏，相互校正、补充,那样的历史才是一部全面而真实的历史。

《地下成都》写成以后,我再回过头审视,发觉它有点像一件用碎布拼缝起来的衣服,不同历史时期的考古发现被有机地连接在了一起。作为裁缝,我只是想尽量把这件衣服缝得精致一些,让读者在购买它的时候感到物有所值。当然,这也许是奢望,但《地下成都》这本书无疑有一些活泼有趣的内容,会带给你一些以前没有过的经验和感触,因为地下成都最有价值的部分都被收罗在此书中了。

我要感谢那些为地下成都的揭示和发现付出辛勤劳动的考古学家们,尤其是成都市文物考古研究所的领导和同志们,没有他们的辛勤努力,我们无缘目睹本书中的精美图片和珍贵史料。在此,谨向他们致以深深的敬意。

肖　平

2019 年 3 月于成都

CONTENTS 目录

■ **商周战国时期：寻找失落的古文明**

　　金沙遗址大揭秘 / 003
　　三星堆遗址发掘始末 / 012
　　成都平原史前城址群 / 040
　　十二桥商周建筑遗址 / 056
　　古蜀国国家祭坛：西周羊子山土台 / 064
　　商业街蜀王船棺家族墓地 / 069
　　"中华第一棺" / 072
　　新都战国木椁墓：躺在青铜冷兵器上的末代蜀王 / 078

■ **秦汉时期：画像砖上的成都生活图景**

　　秦人墓群：安息在蜀地的"兵马俑" / 091
　　曾家包东汉画像砖（石）墓 / 096
　　汉井与粮仓：汉代成都人的生活物资 / 101
　　说唱俑、摇钱树和汉代番茄种 / 104
　　画像砖（石）上的秘戏图 / 110
　　画像砖上的汉代成都 / 113

■ 三国魏晋南北朝时期：英雄的归宿和宗教的复兴

惠陵：刘备和甘、穆二夫人的合葬墓 / 121

三国时期的考古发现 / 126

成都的南朝石刻造像 / 131

■ 隋唐五代时期：在音乐和壁画中沉醉

考古发现中的唐代成都城 / 137

永陵：前蜀皇帝王建墓 / 142

和陵：后蜀皇帝孟知祥墓 / 151

■ 宋元时期：精美的窖藏与和谐的人伦

被窖藏的金银器 / 157

成都地区的宋代夫妇合葬墓 / 163

不灭的火焰：青羊宫与琉璃厂窑址 / 168

■ 明清时期：皇家陵园与地下酒香

北有十三陵，南有明十陵 / 177

成都水井街酒坊遗址 / 186

■ 主要参考文献 / 193

商周战国时期：

寻找失落的古文明

金沙遗址大揭秘

2005年8月,一件出土于成都金沙遗址的金箔"太阳神鸟"图案从上千件参评作品中脱颖而出,当选为"中国文化遗产标志"。为什么代表中国古代文化遗产的标志图案不是长城、故宫、兵马俑这些重量级的文物,而是古蜀文化时期一块薄薄的金箔?

城市童年

今天,人们像谈论楼兰古城和商代的殷墟一样谈论着成都这个城市的母体——金沙遗址,人们对这座晚商至西周时期的古蜀国都邑产生了莫大的兴趣,那些神秘而古老的器具正散发出缕缕光辉,这样的光辉摄住了人们的心魂。有关古蜀国的记忆,大多数人是从三星堆开始的,但是现在,代表金沙遗址文明高度的众多金器、玉器,也和三星堆遗址的青铜器一样征服了我们的想象,打破了我们固有的思维和孤陋寡闻的历史观。那么,金沙遗址是一个什么性质的都邑,它和现代成都城有何关联,古蜀人在城市规划和建设上有何杰出贡献,考古学家又是怎样把这个遗址逐渐揭示出来的?

按照通常的说法,成都的建城史始于公元前311年,雄风浩荡的秦国军队沿着金牛道穿越秦岭,一举灭掉了富甲一方的蜀国。当时的蜀国有着辽阔的疆域、强大的军队和高超的冶炼技术,但秦始皇的祖先比没落的开明王朝具有更加强大的精神力量和征服全国的欲望。秦国灭蜀后，为了加强对蜀国的控制，秦惠王便派遣他的宰相张仪来成都筑城。

张仪所筑的成都城是按照当时北方咸阳城的格局修建的，目的仅仅是为了屯驻秦国的军队。

这座城池在历史上被称为"大城"。城内终日回响着战马的嘶鸣和秦国军队的刀光剑影，因为大城当时只是一座庞大的军营，是不允许当地老百姓和商人居住的。随着人口的增加和蜀地反秦情绪的低落，后来又在大城的旁边修了一座少城，这就是成都城的发端，我们追溯成都城的历史，其源头即是这座由秦国宰相修建的城市。

然而事实上，这并非成都城市历史的开端，蜀人早就在这块沃土上建立了自己的城市，而且规模宏大、布局合理，充分体现了建筑和管理的水平。从张仪所筑的成都城往回追溯，我们知道蜀国开明王朝九世至十二世是定都在成都的，这就是说，在张仪筑成都城以前，成都已经有一座像样的城市了，而且是作为蜀国的首都而存在的，它既是成都平原和周边地区的政治中心，也是该区域的文化中心和经济中心。

2001年2月8日，金沙遗址在成都的西面被揭示出来，它跟这座现代化的城市是连成一体的，两者的关系就像植物胚胎和苗株的关系一样亲密。那么金沙遗址会不会就是消失了的古蜀国开明王朝的国都呢？其实不是的，金沙遗址的历史比开明王朝国都的历史还要早。换句话说，金沙遗址才是成都城市文明的母体和根脉，成都城市的历史是由金沙遗址逐渐培育和演进而来的。从那时到现在，成都已经走过了三千多年的历史，多么漫长、壮阔和不可思议啊！

如果用简单的方式描述成都城市的发展历史，那就是：金沙遗址—蜀开明王朝都城—秦汉的大城、少城—唐末以后的罗城—现代成都城，其总体发展规律是从西北方向向东南方向拓展。像一棵幼苗发展成为枝繁叶茂的大树，古代的成都城在唐朝末年时已抵达两江交汇处，从而奠定了现代成都城的基本格局。

古蜀都邑

　　金沙遗址是四川地区青铜时代继三星堆之后最为重大的考古发现。到2002年10月，发掘面积已接近两万平方米，是西南地区有史以来一次最大规模的考古发掘。现已探明的遗址面积，即这座古蜀国中心都邑的面积约为三平方公里。

　　其实在漫长的古蜀国历史中，像金沙遗址这样的"都城"或聚落还有很多，它们像亮丽的星辰一样照亮了古蜀国模糊的历史。现已探明的古蜀国旧城遗址已有新津宝墩古城遗址、都江堰芒城遗址、郫县三道堰古城遗址、温江鱼凫城遗址、崇州双河遗址、崇州紫竹村遗址等。

　　考古显示，金沙遗址已经是一座真正意义上的都邑了，它有不同的功能分区和中心广场，环境和建筑也都布置得当，可以说当时的人已经懂得城市的意义和管理的方法了。

　　宫殿区和祭祀区，这是整个金沙遗址最为重要的一个区域，相当于一座城市的中枢神经，面积约为一千平方米，绝大部分贵重礼器皆出自这里。而且该区域还发现有三个器物比较集中的坑，令人想起三星堆遗址发掘出的祭祀坑和玉石器坑。我们无法弄清为何古蜀人要把国之重器深埋于坑中。第一坑为"象牙堆积坑"。弯曲而巨大的象牙像沙丁鱼一样被有序地排放着，体积和重量比我们今天见到的象牙更大、更重，保存完好的象牙尚有润泽的颜色和坚硬的质地。象牙坑中还同时出土了大量精美的玉器和铜器。第二坑为"石璧、石璋半成品堆积坑"。层层叠叠的玉石器呈西北高、东南低的倾斜坡度，同时附近还发现有与作坊遗址相关的房址和制作石器留下的残渣等。第三个坑为"野猪獠牙、鹿角、美石堆积区"。精美的石料和动物的骨骼、牙齿堆积在一起，有点像行为艺术，也像远古人类留给现代人的一盘棋。在这个区域中，应该还有神庙类的宏大建筑，它们和各种礼器一道，构成了古蜀国别致而坚定的政治和宗教信仰。可以想象,当时的蜀王或部族首领经常来这儿主持仪式、发表演说,他头上戴着那条饰有鸟、鱼和人头图案的金带,神色严峻地祭祀天地神灵,根据季节安排农业生产并疏通可能威胁城市安全的河道。

在这个中心区域以外,考古学家们还发现了具有普通人生活情调的集会广场、木(竹)骨泥墙式建筑、小型馒头窑、陶器生产区、长方形竖穴土坑墓等区域,它们和祭祀区、宫殿区一起构成了一座完整的聚落。从揭示的遗址可以看出,这些功能各异的社区单元有着一种既相互独立又相互关联的布局关系,城市的影子从这样的关系中亲切地显现出来。木(竹)骨泥墙建筑是古蜀时期比较流行的一种民居式建筑,古蜀先民居住在这样的寓所中会感觉很温暖。这种房屋的建筑方法为:先在地上挖出房屋的基槽,然后把竹子或木头按一定的距离竖立在基槽内形成墙体,竹与竹之间再用纺织物连接,抹上泥后就成了墙面。为了使墙体坚固耐用,古蜀先民还采用烧烤的方法来加固墙面。

木(竹)骨泥墙式房屋建筑在成都平原多个古城遗址均有发现,当时的柱洞和竹木炭化后的痕迹仍然清晰可见。此外在墓葬区内,古蜀先民的遗骸伴着为数不多的殡葬品长眠着,他们作为这座城市的居民得到了一小块安身之地。但是从墓葬内随葬品数量的多寡和墓穴形制看,当时的金沙先民已经有了不同的社会阶层。

对考古知识感兴趣的人都知道,金沙遗址的文化面貌跟三星堆遗址有着某种相似处,包括器物的造型、都邑布局、聚落观念等。这两座相距仅有38公里的古蜀国都邑到底有着怎样的关系呢?意见有两种。一种意见认为,金沙遗址应当是三星堆文明忽然消失后在成都的一次重建。从三星堆遗址被废弃的原因看,它很可能毁于古蜀时期一次浩大的洪水,当洪水以排山倒海之势袭来时,三星堆古城的首领带领着他的臣民迁徙到了成都平原腹心重建家园。另一种意见认为,金沙遗址和三星堆遗址是当时成都平原相继兴起的两个权力中心,这两个同属于蜀文化范畴的中心聚落可能保持着一种既相互独立,又密切相连的关系。无论上述两种说法哪一种更符合历史真相，有一点毋庸置疑，那就是成都平原在商周时期出现过两个文明程度很高的都邑。

金沙遗址这座三千多年前的成都城，虽然没有高楼大厦和繁华的商业活动值得缅怀歌颂，但我们也应向祖先们表示敬畏，因为正是他们的创造和想象，才使我们寻找到了成都城市文明的发展根脉。这一条看起来已经枯萎的城市根脉其实还活着，它就那么安静地躺在我们身边，像掘开历史土壤的一把锄头或一张犁，告诉我们前人曾经有过的经历。

文明与废墟

金沙遗址发现以前，这里是一片位于城市边缘的绿油油的农田，上面零星散布着一些农舍，丝毫看不出这里是一座废弃的古城遗址。它不像平原上其他远古城址那样，有巍峨的城墙（尽管残缺不全）做标记，让我们从外观上能看出这曾是一座欣欣向荣的城市。也许，金沙遗址的城墙过于靠近成都这座大城，因而早就被人为夷为平地了。但金沙遗址的意外发现，毕竟告诉我们一个事实：远古文明和现代文明在空间上是完全重叠在一起的，尽管时期相隔数千年。

2001年2月15日下午，距金沙遗址被发现一周，我随成都市文物考古研究所的考古学家来到现场。这是一片处于城市边缘的开阔地，笔直宽阔的街道和鳞次栉比的高楼已将它逼入绝境。看得出，这早已被房地产开发商圈定等待开发，空气中弥漫着灰尘的味道。由于该遗址发掘出大量珍贵文物的消息尚未公布，所以那一圈被红白相间的纺织布围起来的"工地"显得平凡至极，我们从工地旁边的隐蔽小门进入现场，新鲜的褐灰色泥土中夹杂的卵石很容易使人趔趄。卵石是成都平原常见的东西，成都平原本身就是由发源于盆地西北的大大小小的河流冲积而成。放眼望去，近千平方米的遗址上均匀地布满了若干个探坑，考古学家一边认真地绘图、拍照、清理出土器物，一边忙忙碌碌地指挥工人挖掘，一辆辆手推车运送着泥土来回穿梭。探坑的坑沿边，笔直地站立着若干个保安，他们穿着统一的制服，不苟言笑。

金面罩在房地产公司本打算埋设下水管道的巨大沟壕里，挖掘机留下的铲印仍清楚可见。这是一个长约10米、宽约4米、深约5米的土壕，壕四周的泥壁上镶嵌着大量的象牙——这就是被考古学家称为"象牙堆积坑"的遗址现场。金沙遗址象牙的保存情况总体上要比三星堆好一些，虽然有些象牙颜色已由瓷白晶莹转为灰褐黯淡，但仍有部分象牙保持着近似新鲜的润泽。沟壕上方的一块台地上，被挖土机翻起来的一大堆泥土正等待着清运。此前，考古学家已从这堆泥土中清理出大量的金器、玉石和青铜器，那条著名的金带以及玉琮、石人、金面具等都出自这里。

在主持发掘工作的年轻考古学家的指引下，我们下到探坑底部仔细观察刚刚出土的文物。其中，一件樱桃红的玉器刚刚从湿润的泥土中露出端倪，但由于它的下部仍埋于土中，所以不能立即给它命名。我们用刷子和小型竹铲剔除上面的黏土后，发现它的侧面只有巴掌那么大，表面光滑，颜色红润，轻轻一摸，竟有沁人心脾的质感。同时，还发现这块玉的表面有一个规整的"U"形符号，人工刻画的痕迹非常明显。散落在遗址四周的象牙看起来并不珍贵，因为它们实在多得和瓜地里的瓜一样。工作人员不时给这些新出土尚未取出的象牙喷洒药剂，之后用塑料薄膜遮盖起来，以便防晒保温。

在每个探坑笔直的壁上，地层因为年代和堆积的关系，呈现出不同的层次和颜色，考古学家在层与层之间刻画了笔直或者波浪起伏的线条，这对于判断遗址和出土文物的年代序列尤为重要。被雇用参加简单挖掘工作的当地农民大多是年轻妇女，她们一改往日劳动的习惯，变得轻手轻脚、小心翼翼。

抢救性清理发掘工作完成以后，考古学家开始对金沙遗址这座成都最古老的城进行研究。随着揭示面积的逐渐增大和出土文物的日渐丰富，一座远古都邑的面目完全浮现了出来。包括古城的布局和功能分区，以及具有普通人生活情况的木（竹）骨泥墙小房子和墓葬等，这些被时间荒废和遗弃了的东西重新苏醒，并构建复原出这座古蜀国中心都邑当初的样子。

青铜时代的厚礼

现在我们知道金沙遗址是成都城市的雏形，作为当时的一个巨大都邑，它有着早期城市的所有特征，包括宫殿区、居住区、墓葬区、手工作坊等设施齐全的城市都城，而且还有着高度发达的文化，这些文化毫无疑义是古蜀人用智慧和双手创造出来的。可以想象，在三四千年以前，森林密布、河水清凉的长江、黄河贯穿中国的版图，中国的文明开始在辽阔的土地上孕育。各种文明形态像大地上的植物一样自由生长，满天星斗似的地域文明共同汇聚成了中华文化。

金沙遗址的出土文物正渐渐为我们熟悉和热爱，其中的金箔太阳神鸟已作为城市的形象徽记伫立于人南立交桥桥头，并且于 2005 年 8 月正式被评为"中国文化遗产标志"。这件金箔的图案是由太阳的 12 道光芒和 4 只绕日飞翔的神鸟组成，圆形的图案代表了天地万物和谐包容的特性，12 道光芒和 4 只神鸟让人联想到一年四季和时序的变更。整个图案高度抽象和完美，叫人睹之怦然心动。

金沙遗址出土的两万多件文物中，以礼仪性用品最为丰富，而实用性的器具不多。这些精美的礼器有的是非常完整而大型的，比如玉琮、玉璧，而有的只是其他大型礼器上的零部件，换句话说，今后还有发现其他大型礼仪性用品的可能性，甚至包括三星堆遗址那样大型的青铜器具。

为什么在古蜀文化遗址中会发现如此精美而众多的礼器呢？这跟当时的社会形态是有关系的，因为古蜀时期的政治体制尚属政教合一的模式，政治权力的维系往往是通过宗教的形式来完成的，因此这一时期的人们十分重视礼仪性用品的生产制造，甚至用"国之重器"四个字来阐述它们的价值。再加上古蜀历史当时并未被纳入中原历史的范畴，因而这些器物在造型上就与中原器物判然有别，显得飘逸诡秘，想象大胆丰富，充满了古蜀文化特有的饱满、奔放和热情。

玉琮金沙遗址是目前国内出土玉器数量最多的遗址，种类包括玉琮、玉璋、玉剑、玉戈、玉璧等十余个品种。尤其值得称道的是，一件堪称国宝的翡翠绿玉琮被完整地保存下来，它高约23厘米，上面有着极其华丽的微雕、细若发丝的花纹，还有一个人形图案在光洁的绿玉上若隐若现、栩栩如生，让人无不为古蜀人的鬼斧神工所折服。遗址内还出土了全国最大的玉璧。这都说明当时礼器制造工艺的发达和宗教意识的浓厚。

遗址中出土的石器和石器半成品、原料等也很丰富，造型十分生动逼真，是四川地区发现的年代较早、制作最精的一批石器，总件数目前已超过三百件。通过照片，我们可以看清一件"跪坐石人像"，它的头发如河流般朝两边分开，辫子长及腰际，嘴唇和眼眶涂着黯红色的朱砂，双耳穿孔，两手被牢牢地绑在身后，它有可能是三千多年前一个奴隶的形象，这个形象同三星堆祭祀出土的奴隶石雕仿佛一母同胞。端详这件石器时，感觉不到哪怕一点粗陋的痕迹。还有那只精美绝伦的卧虎石雕。这些都反映出古蜀时期的石（玉）雕工艺已经达到极高的境界。

除上面提及的玉石器外，金器应当是此次金沙遗址出土器物中最引人瞩目的种类。那些薄如蝉翼的金箔被打造成形状各异、寓意不同的器物，包括金面具、金带、圆形金饰、喇叭形金饰等四十多件。其中的金面具与三星堆青铜人像上的面具相似，那种眼部被镂空的神秘感与黄金质地，给人以亘古不变的历史凝重感和沧桑感，仿佛古蜀人的眼眸从来就未离开过这片土地似的。而且，遗址出土的那条象征权势和威严的金冠带是用金条捶打而成的，长59厘米、宽4厘米，上面压印着4组由鸟、鱼、箭和人面图像组成的图案，令人想起三星堆出土的金杖上的动人纹饰。

散发着古蜀人智慧之光的青铜器本来是三星堆文明的标志性器物，此次金沙遗址出土的青铜器虽然不能和三星堆媲美，但其数量也很惊人，达到了七十多件。唯一不足的是，这次出土的多为小型器物，尚未发现类似于三星堆青铜神树和青铜大立人像那样的"庞然大物"。但是随着大型铜器附件、铜尊圈足残片以及大型铜异形器残片的出土，也不排除今后发现的可能性。谁能预测古蜀人的物质宝藏和精神馈赠到底有多么惊世骇俗呢？

如今，在设施一流、陈列手法丰富多样的金沙遗址博物馆，你可以穿越数千年的历史时光，去细细品味古蜀文化的神奇和浩瀚，去朝拜古蜀国神奇的祭坛和精神遗产。

三星堆遗址发掘始末

一提起三星堆，一提起那些神秘而鬼斧神工的青铜面具、青铜人头像、青铜神树、金杖以及那两个专门用来埋藏这些器物的土坑，不少成都人都烂熟于胸，如数家珍。然而有谁知道三星堆遗址详细的发现、发掘过程？有谁知道这个商周时期的蜀人中心聚落里一些鲜为人知的细节？比如，三星堆的城墙是如何修筑的？这座文明程度极高的古城遗址因何原因而废弃？古蜀人为何要把国家的贵重礼器砸烂焚烧并加以埋藏？诸如此类的问题，都事关古蜀历史中一件件神秘的大事。

在金沙遗址和成都平原众多的史前城址被发现以前，三星堆文明是古蜀文化唯一的样板，它的奇特和发展高度令世人震惊。那时候我们把成都城市文明的根脉都归结到三星堆遗址，是这样一支曾经活跃于成都平原的古蜀先民创造了成都最初的历史与文化。但是现在看来，在商周时期甚至更早，成都平原上早已有了像三星堆古城一样巨大的城址了，它们就像夜空中闪烁的星辰，照亮并烘托着远古时期的成都平原，璀璨的文化在这些都邑般的城址中呈现出生生不息的发展态势。

一个农民与一座古城的关系

三星堆遗址的发现过程可以分为两个时期：第一个时期是20世纪20年代，此时发现了玉石器坑；第二个时期是20世纪80年代，此时发现了两个祭祀坑。整个发现过程充满了戏剧性和偶然性。

1929年春天，位于广汉三星堆月亮湾的川西平原上，植物和土壤慢慢从冬天的沉睡中苏醒过来，麦子尚未抽穗，田垅上开满一簇簇野花，春播的季节随着风向的转移悄悄降临了。这一天，月亮湾的农民燕道诚祖孙三人从自己的屋子里出来，打算在离家不远的林盘地沟边开挖一个水塘，然后用水车把低洼处的水输送到高处灌溉。他们在春天的阳光下懒洋洋地走着，肩上扛着锄头，初春残存的寒气使他们不时掩紧胸口的衣服。

这是三个普通的中国农民，他们不知道那天的劳动会惊醒沉睡数千年之久的古蜀文明，因此，他们还是和平常一样，既安详又随意。也许他们祖祖辈辈住在这儿已经有好几百年了，从平时的观察和劳动中早就发现了这个"城"，并且还在不久前的锄地过程中发现过一些陶片，但是这些信息对于普通农民来讲并无任何深意，他们更关心庄稼的长势和收成的好坏。

燕道诚之子燕青保是三个人中体力最好的，因此他在挖沟时格外卖力，锄头高高地举起来又重重地落下去。忽然，他听到"砰"的一声响。燕青保感觉握着锄柄的虎口和手指被震了一下，很硬，是挖到砖头了吗？他改换位置又挖了一下，还是"砰"的一震，这一回他确信下面有一个什么东西了。他把锄头搁在一边，蹲下身子刨开泥土，动作依旧是慢吞吞的。但出现在他面前的并不是一块普通的砖头，而是一块白生生的大石环，圆圆的，光光的，就像家里的磨盘一样；不过，这块大石环要比家里的石磨质地好得多，呈乳白色，打磨得也十分精细。燕青保觉得奇怪，就叫父亲燕道诚和儿子过来观看。他们用手摸了摸，又握住石环的边沿用力一掀——石环动了，下面呈现出一个长方形的神秘土坑，坑内堆满了许许多多色彩斑斓的玉石器。

祖孙三人一时都有些惊愕，还是燕道诚最先定下神来。这位年轻时曾在成都闯荡过一阵子的广汉农民，毕竟见过一些世面。直觉告诉他今天是时来运转挖到宝贝了，说不定除开这坑玉石器，底下还藏着数不清的金银财宝哩！燕道诚使了一个眼色，祖孙三人一齐用力把搬开的石环又填了回去，并在上面覆盖了厚厚的泥土。三个人几乎是同时直起身来，朝四周望了望，田野里只有和煦的春风和绿油油的庄稼，并无人影。燕道诚从挖坑的地方爬上土埂坐了一会儿，他一边吸烟，一边告诫自己的儿子和孙子，谁也不许把这个消息泄露出去，等到夜深人静时再来取宝。燕道诚紧握烟杆的手指因为激动和紧张而不停地颤抖着。

为什么举世瞩目的古代文明遗址，其发现过程往往都是在一次不经意的劳动中呢？难道真如古语所说，是"踏破铁鞋无觅处，得来全不费工夫"吗？广汉三星堆遗址的发现令人想起敦煌莫高窟藏经洞的发现，两者的发现过程简直如出一辙。余秋雨在《道士塔》一文中这样写道："1900年5月26日清晨，王道士依然早起，辛辛苦苦地清除着一个洞窟中的积沙。没想到墙壁一震，裂开一条缝，里边似乎还有一个隐藏的洞穴。王道士完全不能明白，这天早晨，他打开了一扇轰动世界的门户。一门永久性的学问，将靠着这个洞穴建立。无数才华横溢的学者，将为这个洞穴耗尽终身……现在，他正衔着旱烟管，趴在洞窟里随手翻捡。他当然看不懂这些东西，只觉得事情有点蹊跷。为何正好我在这儿时墙壁裂缝了呢？或许是神对我的酬劳。趁下次到县城，捡几个经卷给县长看看。"从王道士遗留下来的照片上我们可以看到，他"穿着土布棉衣，目光呆滞，畏畏缩缩，是那个时代到处可以遇见的一个中国平民……他每天起得很早，喜欢到洞窟里转转，就像一个老农，看看他的宅院"。

成都平原春天的夜晚显得静谧安详，然而对燕道诚一家来说，这个平静的夜晚却显得如此紧张刺激。当燕道诚打开房门向田野中走去时，他看见天上的星星时隐时现，远处传来阵阵不安的犬吠声。燕道诚一家五口拿着箩筐、扁担和掘土的工具轻手轻脚地行走在田间小路上，幸好目的地离家不远，否则再怎么小心翼翼也容易被人发现。

他们移开坑口的石环，把坑中精美的玉石器一件件取出来。趁着夜深人静，把取出的玉石器分几次急急忙忙运回家中。然而直到最后，他们所期望的金银财宝也没有露面，燕道诚略感失望，他尽了最大努力搜遍坑中每个角落，仍未发现金银一类更值钱的东西。

把玉石器坑的东西全都搬回家以后，一家人在灯下仔细检点刚才的收获，计有璧、璋、圭、圈、钏、珠、斧、刀及玉石器半成品共四百余件，堆满了半间屋子。出土物中以石璧最具特色，大的石璧直径达 80 厘米，小的直径仅有几厘米。当他们擦拭掉玉器上的泥土时，这些精妙的千年古物在灯下焕发出炫目的光辉。燕道诚一家在兴奋和不安中度过了一个不眠之夜。

此后的一两年间，燕道诚又陆续在发现玉石器坑的附近作了一些小范围的发掘工作。按照他的推测，这坑玉石器的出土绝非偶然，在它附近一定还埋藏着更多、更值钱的东西。因此，他像一个沉默寡言的老农在自己的地里耕种一样，孜孜不倦地从事着发掘工作。儿子燕青保随时陪伴在他身旁。可是后来，父子二人都因过度的劳累和兴奋而病倒床榻。燕青保后来对前来发掘的华西大学博物馆馆长、美籍教授葛维汉讲，他和父亲燕道诚都突然得了一场大病，几乎是九死一生。他们由此认为这是神灵对燕家的惩罚，古人留下的宝藏不可以随便挖掘的，因此他们停止了进一步掘宝的计划，并把这批意外之财分送给了亲朋邻里，以期"蚀财免灾"。

燕道诚作为一介农民，他对地下埋藏的古蜀器物不可谓不爱不贪，但以后的事实却表明，他还是一个深明大义和尚未泯灭文化良知的人，他在三星堆遗址的发现和文物保护方面，还是尽了一个中国农民应尽的责任的。1956 年，蜀中著名考古学家王家祐先生为探察古蜀文化的踪迹三赴广汉，在燕道诚家住过一段时间。这期间王先生与年过七旬的燕道诚对榻而眠，秉烛长谈，使燕道诚深受感动，两人竟结为忘年之交。在王先生的感召下，燕道诚一改他往日"所有器物均已送人"的说法，颤颤巍巍地把王先生带到月亮湾的田野中间，从一段田埂下挖出了埋藏二十多年的最后一批精美玉器，其中包括造型和质地都属上乘的玉琮、玉瑗、玉钏和玉磬等，无偿地把它们捐给了国家。这是 20 世纪 20 至 40 年代三星堆出土器物中最有价值的部分，因为那时候两个震惊世界的祭祀坑尚未发现。

三星堆古城素描

　　三星堆遗址从大的地理学角度讲，其实是位于成都平原北部沱江冲积扇上的一块台地，这些垄岗状的台地是古蜀人修筑聚落或城郭的最佳地点，成都平原发现的古城遗址几乎都位于这些由河流冲积而形成的台地上。三星堆遗址距成都约为40公里，距离广汉市区仅7公里，遗址总面积达12平方公里，可谓商代中国的大城。即使拿它和当时中原地区商王朝的都城偃师和郑州商城相比，也毫不逊色，甚至有过之而无不及。从文化的发源和产生看，三星堆遗址应属典型的平原文明或河流冲积扇文明，与高原文明或海洋文明有着显著的差异。在遗址的腹心地带，也就是现在的西泉坎、月亮湾、真武宫、三星堆范围内，为三星堆古城遗址分布区，其东、西、南三面至今保存着夯土城墙的残垣断壁，似乎在无声地述说着时间的流逝和昔日的辉煌。

　　像所有被废弃的古代文明现场一样，我们从三星堆遗址的表面看不清这种文明的实质和内核，只能目睹到一种荒凉，一切都似乎在时间的河流中消失得无影无踪了。然而现在，通过考古学家们的一次次努力，代表古蜀文明非凡高度的三星堆古城又被渐渐揭示出来，我们除了能够瞻仰遗址的荒凉和萧瑟外，同时也能幸运地进入它的内部，看清数千年前的文明结构和表现形式。

　　近年来的考古发掘和研究表明，三星堆古城绝非一座一般性的聚落城址，而应是三星堆文化阶段古蜀人在成都平原建立的政治、经济、文化中心。在这个有着高度发达的青铜文化的古城内，曾经居住和生活着古蜀王国的最高统治者——一位手持金杖、常常在祭祀大典上发表演说和主持仪式的人。可以想见他的头上戴着坠满黄金饰物的五齿高冠，性情温和，表情肃穆，深谙占卜和天象；同时也懂得关心人民的疾苦，懂得怎样治理洪水和从事农业生产。

　　从三星堆遗址的地层堆积和器物出土情况分析，这是一座曾经欣欣向荣、连续使用时间长达二千年的古代城址，时间跨度从新石器时代一直持续到商代晚期或西周早期，中间没有出现过断裂的痕迹。因此，它的文化发展脉络如同人体的血管一样清晰可见。以日常生活中最常见的器物——陶器为例，考古学家们把三星堆文化分为四个连续发展的时期：第一个时期为新石器时代晚期，陶器以泥质灰陶为主，次为夹砂褐陶和灰黄陶；第二个时期为夏至商代前期，陶器以夹砂褐陶为主，新出现的器形有喇叭形大口罐、盂、圈足盘等；第三个时期为商代中期，陶器仍以夹砂褐陶为主，但泥质陶的比例较上一期有所下降，泥质橙黄陶基本消失，器形主要有小平底罐、高柄豆、圈足豆、圈足盘等；第四个时期为商末周初时期，陶器以夹砂褐陶为主，夹砂灰陶次之，泥质灰陶的比例有所增加，器形除前几期的小平底罐、高柄豆、杯、勺等外，尖底罐和蓬斗状的竹节把豆较为流行，三足形炊器至该期的后一阶段基本消失。到了三星堆文化晚期，该遗址呈现出的国家形态已十分鲜明。我们从数次发掘的结果中可以感知这一信息，如双手倒缚、双膝下跪的奴隶石雕像，宫殿类建筑和排水设施，大型宽阔的高大城墙，各种金属质地的综合性祭祀用品等，表现出强大的国力。这一切使得三四千年以前的成都平原充满了人类繁衍生息的热闹景象，人们面对各种自然灾难、战争和其他意想不到的困难，扎根于这片土壤并开始了文明的创建和培育工作。

　　一座废弃的城址所能带给我们的思索还远不止于此。三星堆遗址被城墙圈定的范围共有 2.6 平方公里，如今在它的东、西、南三面仍然伫立着残缺不全的夯土城墙。东城残墙长约 1090 米，南城残墙长约 1150 米，西城残墙长约 650 米。经过考古学家的复原推测，东、西城墙原有长度应为 1700 米，南城墙应为 2000 米。北部目前看不到人工夯筑的城墙遗迹，可能已被鸭子河冲毁，或者是当时三星堆古城北部根本就没修城墙，而是以湍急的河流作为这座城市的天然屏障，以此构成一个三面靠墙一面临水的城市地理布局。根据考古学家对该遗址城墙的解剖，我们发现它的横断面呈梯形，下部墙基宽约 40 米，顶部残宽约为 20 余米，可谓是一项艰巨浩繁的工程。由于当时取土量非常大，在墙体外侧竟然挖出了一道深深的沟壑，其结果，是使得该区域这一时期的地层和文化堆积遭到破坏，以致考古学家在此区域很难找到早些时候的文化遗存。

在长约2000米、宽约1700米的三星堆外城内，还建筑有一圈内城，如今残留的名为"三星堆"的三个土墩，即是当时内城墙的一部分。这种大城套小城的城市建筑格局，让人想起古代长安城的森严布局和"内外有别"的皇权意识，反映出古蜀人对城市建设和管理的最初构想。沿着三星堆古城的中轴线，考古学家们发现了文化堆积异常丰厚的四块台地，即三星堆、月亮湾、真武宫和西泉坎。1929年春天燕道诚发现的玉石器坑，以及1986年发现并发掘的两个满坑都堆积着古蜀礼器的祭祀坑，都位于这条中轴线上。这一事实表明，该区域应为三星堆古蜀王国之"内皇城"或宫殿区。而在别的区域，考古学家们陆续发现了大量的木骨泥墙式小房子、陶质酒器和食器、小型墓穴和窑址等，这些皆透露出底层社会寻常巷陌间浓重的市民生活气息。

三星堆遗址城墙的修筑方法，较同一时期其他地区的大型建筑更为先进，它的底部是采用土坯砖奠基，然后再添加散土加宽夯实，一层层垒筑至顶部。这一方法无疑开创了中国城墙建筑的先河。按照常规来说，城墙的主要功能应用于防御，就像中国的万里长城和各大古都都曾有过的城墙一样，其防御的功能突显。但三星堆城墙的构筑却给我们提供了另外一种可能性，即除了防御外，它还有另外的用途。从三星堆现存古城墙分析，它的顶部宽度几乎为底部宽度的二分之一，也就是说，它的墙面不是垂直或接近于垂直的，而是形成了一定的坡度，这种坡度对于防御而言，恰是破绽所在，也是其要害所在——因此根据三星堆现有地形地势、河流分布以及文献所透露的点滴信息来看，三星堆城墙应兼有防洪大堤的功能。

在李冰治理都江堰以前，洪水一直是成都平原最主要的自然灾害，从考古发掘和文献记载中得知，洪水在这块冲积平原上纵横肆虐的情况时有发生，当时的人们还没有足够的经验依照水的特性采取疏导方法治水，而是采用更为原始笨拙的堵的方法或拦截的方法。在三星堆遗址，我们至今尚能发现河流冲毁城墙，并且从城中肆意穿过的痕迹。

马牧河（现已干涸）曾经从城址的西南角闯入，一直流到西北角，再折回东南方，最后从城址的东南角突出城外。这一次洪水肆虐，在三星堆古城内形成一个弯曲的"几"字形冲击沟。如今在洪水曾经流经的区域，尚存660～1000米宽的低洼地带，像是被龙卷风吹拂过的麦地一样，一潮一潮地凹陷下去。洪水带走了该区域内的泥土和文化层，使得考古学家们很难在这些低洼地带有所收获。《三星堆祭祀坑》中曾经这样描述该现象："马牧河从三星堆遗址西南方流来，形成几字形的弯道穿越三星堆遗址，经遗址东南流入沱江。三星堆遗址北面的真武宫、月亮湾阶地，以及马牧河弯道内侧的阶地三星堆一带，异常开阔，文化堆积较厚，内涵十分丰富。遗址堆积的主要部分是在这三处阶地上。"

通过考古发掘进一步证实，马牧河内侧及三星堆以南阶地第七层，有一层厚20～50厘米的淤泥，颜色呈青黑色，包含物极少，明显是洪水泛滥后留下的痕迹。居住在三星堆的古蜀人试图用城墙般的大堤来防住洪水，但是洪水撕破了这道防线，并且像突入羊圈的狮虎一样，纵横肆虐一番之后，从另一个方向逃离了。至于这场洪水与三星堆古城的废弃有何关联，我们会在以后的篇章中逐步加以介绍。

震惊世界的两个祭祀坑

三星堆古蜀文化遗址由沉寂到蜚声海内外，最主要的原因还应归功于1986年夏天两个震惊世界的祭祀坑的发现。虽然1929年燕道诚发现的玉石器坑已经使人们预感到了三星堆古城的价值所在，然而真正让世人对成都平原的青铜文化有全面深入了解的，还是1986年夏天那次令人难忘的发现。两个土坑中文化含量极高的出土物，仿佛是经过高度浓缩的古蜀文化信息库，一经发现和揭示，立即引起空前的轰动。在此之前，恐怕没有多少人会想到在中国西南内陆一隅，尚有如此辉煌发达的古代青铜文化存在；而且，这种文化的地域因素使得它和当时占主导地位的中原商周文化相抗衡,显示出极强的生命力和多少有些另类的文化面貌。

  1986年夏天对于四川乃至中国考古学界都是一个特殊的年份。7月18日,砖厂工人顶着烈日在三星堆遗址内以土打造砖坯——当时遗址范围内建有多座砖厂,高大的烟囱连日连夜冒着滚滚的浓烟,这里有大量的泥土堆积且土质黏稠,使得当地具备了开办砖厂的绝佳条件。上午8时许,砖厂工人杨远洪、刘光才正在挖土,由于天气闷热,他们几乎是赤膊上阵。忽然间,只见他们的锄头落下时,溅起了一些很脆很亮的东西,像是一只薄薄的花瓶摔在地上打碎了。他们停下来一看,原来是一根长约40厘米的玉璋被拦腰击碎了,从碎裂的端口可以看清这是一块质地上乘的好玉。他们蹲下身子,仔细察看,发现这是一个土坑的某一角,而且角的内侧似乎还叠压着更多的精美器物——这就是著名的、后来被发掘者命名为"一号祭祀坑"的发现过程。

  这个神奇的土坑位于俗称是"三星堆"的三个土墩以南50～60米处,距离南边的城墙尚有300～400米,也就是说,它正好处于内城墙和外城墙之间的空地上,距离相对靠近内城一些。砖厂工人立即停止取土,由于事情重大,他们立即把这个消息报告给当时正在砖厂清理考古文物的四川省文物考古研究所田野考古人员(由于大量取土常有文物发现,因此考古学家们长期驻扎此地清理文物,没想到本来是极平常的"守株待兔",却捕获了一头生猛的"大象")。考古学家们小跑着赶到现场,经初步观察断定:这儿极可能有重大的考古成果问世。因此他们立即将该区域封闭,刻不容缓地进行了抢救性发掘。发掘工作从7月18日持续到8月14日,这是怎样令人难忘的28个日日夜夜啊!仿佛是在梦中游历了古蜀王国最华美精致的殿堂。考古学家们都很清楚,一个人一生能够遇到一次这样的发掘即算荣幸,因为它在顷刻间推开了一扇通向古蜀文明的大门,那些琳琅满目的古蜀器物像是信息爆炸时代的文字图像喷涌着出现在考古现场:闻所未闻的、精美到极致的青铜器、玉器、金器,造型奇特的风格,难以理喻的埋藏方式……这一切把在场的所有人都震撼了。

我曾经仔细观察过一张一号祭祀坑发掘时拍摄的照片,角度是从长方形坑的坑口方向拍摄的全景,照片中那些散布于褐黄色泥土或灰白色(少许显蓝黑色)动物骨渣中的器物多得像满满一坑红薯:弯曲发白的是象牙,光滑斑斓的是玉璋、玉戈,铜人头像和铜面具则显示出金属特有的沉重质地……但同时,它们的分布又非想象中的杂乱无章,看得出是经过事先分类,然后才倾倒入坑的。"一号坑"中最引人注目的是一根长达1.42米的金杖,从照片上看,它就像一条金黄色的蛇所褪下的皮,因为被包裹在中间的木棍已因碳化而消失,只留下一具闪闪发亮的外壳,像是努力地在向我们证明着什么。

整个发掘过程几乎是在极度亢奋的状态下完成的。虽然当时正值盛夏,酷热难当,白天有烈日,晚上有蚊虫,但考古学家们好像把这一切都忘了,只是感觉到从未体验过的兴奋和过瘾。就在"一号坑"发掘清理工作结束的当天,另一个更加惊人的消息传来:砖厂工人又在距"一号坑"东南仅30米处发现了"二号坑"!这真是一次锦上添花、漆上描彩的大惊喜、大发现,仿佛是上苍的格外恩赐。

"二号坑"不光比"一号坑"出土器物多两倍("一号坑"出土420余件,"二号坑"出土1300件),而且器物以罕见的大中型青铜礼器为主,反映出古蜀国强大的国家力量和高超的铸造工艺。当"二号坑"表面的夯土被揭开和清理以后,67根完整的象牙清晰地映入我们的眼帘;象牙以下,则是沙丁鱼罐头一般满满的一坑青铜器、玉器、金器和石器。那尊著名的"青铜大立人像"出土时,在不算太宽的坑沿上,三四个人并排站在一起,连同坑下的三个人,一共是六七双手才把这个庞然大物小心地托了起来。尽管这尊青铜大立人像出土时腰部已残断并分置两处,但它沉甸甸的分量使我们依然能够感知:这是目前世界上发现的最大、最为完整的青铜大立人像,加上基座通高262厘米,重量有180公斤,可谓是举世无双。

"二号坑"的发掘清理工作从8月20日持续到9月17日,一共花了29天的时间。自此以后,三星堆古蜀文明从这两个小小的土坑中("一号坑"底部长4.01米、宽2.8米、深1.46~1.64米,"二号坑"

底部长 5 米、宽 2~2.21 米、深 1.4~1.68 米）复苏并以极快的速度名扬天下，许多专家学者为它耗尽了青春、生命，无数的观众为之朝思暮想、流连忘返。为了让读者对这两个神奇之坑有一个大体的了解，现对坑中器物的出土情况做一简要归纳。

"一号坑"器物出土情况

"一号坑"内埋藏的器物有铜器、金器、玉器、琥珀、石器、陶器等共 420 件，另有骨器残片 10 件，象牙 13 根，海贝 62 枚以及约 3 立方米的烧骨碎渣。这些遗物大部分堆放在坑的西南、东南面及南角靠近坑壁一线，北角和西北、东北面较少。玉戈、玉璋等形制较大的玉石器，主要集中分布在坑的东角和东南坑壁一侧，相互重叠放置。玉凿、玉锛、石斧、玉斧等形体较小的玉石器多分布在坑的西角，坑中部亦散见少量的玉石器。铜瑗、铜戈、尖底盏、器座等，与烧骨渣混杂在一起，在坑的南角及东南靠近坑壁一线呈斜坡状堆积。铜器中的人头像、人面具、人面像、瓿、尊、盘、器盖等形体较大的器物主要分布在坑中部至西北一线。金杖置于坑的中部以西。象牙主要在坑中部，略呈一线分布。象的臼齿混杂于烧骨渣中，较为集中地分布于坑的南角。骨渣由坑南、东南向北、西北呈斜坡状堆积，东南面及南角堆积厚达 0.6~0.8 米，而西北和北面靠近坑边一线仅 0.05 米厚。

从坑内遗物的分布情况分析，各类器物均是从坑的西南角和南部向下倾倒，形体较大易于滚动的器物，如铜人头像、铜面具、瓿、尊、盘等，便自然滚落至坑的中部至西北一线，小件器物和不易滚动的器物则堆积在西南角和南部。根据坑中遗物的堆积情况，遗物倾倒亦有先后次序：首先倒入的是玉石器和金器，接着是铜人头像、铜人面像、铜人面具、神像和瓿、尊等，再倒入混杂有玉石器和铜戈、铜瑗、陶尖底盏、陶器座在内的骨渣，最后放入玉璋、玉戈等大型玉石器以及部分陶尖底盏、陶器座等，象牙可能是与骨渣混在一起倒入坑中的。

大多数器物有明显的火烧痕迹，如完整的象牙一端或一侧被火烧焦发黑；铜容器全部被火烧残，如瓿、尊、盘、器盖等，大多一侧或一端被烧成半熔化状态，有的器物甚至熔化成团；铜头像颈部烧熔化向上翻卷，有的仅存头顶局部；铜戈、铜瑗等甚至有数件器物熔粘一起。有的烧成饼状或团状，已不能辨识器形；玉石器也多有火烧的痕迹，许多已残断，散落于坑中。

"二号坑"器物出土情况

二号坑出土器物1300件，其中青铜器735件，金器61件，玉器486件，绿松石3件，石器15件。另外还有象牙器残片4件，象牙珠120颗，虎牙3枚，象牙67根，海贝约4600枚。该坑遗物可分上、中、下三层。坑底最下一层主要是小型青铜器和饰件，还有玉戈、玉璋、石戈等。小型青铜器和饰件有神坛、神殿、小神树、小人像、眼形器、兽面、铜瑗、铜铃、铃架及挂饰、蛇形饰、龙形饰、鸟形饰、铜箔、金箔鱼形饰等。坑底东南面还有一些草木灰和经火烧过的海贝。铜挂饰较集中地放置于坑的东北边。兽面、玉戈、玉璋、石戈等较集中地放置于坑的西面，其中兽面、玉戈和玉璋整齐叠放在一起。中层全部为青铜器，主要有青铜立人像、人头像、人面像、人面具、兽面具、尊、车轮形器、大型神树等。这些器物出土时，没有一定的规律，仰覆均有。上层是60余根象牙，散乱地堆置在青铜器上。以上三层遗物表明了当初投放的先后次序。

青铜立人像从腰部折断，上半段在坑的中部，下半段在坑的西北部，压在青铜树下。青铜容器主要在坑的东南角和东北角，大部分容器外涂有朱色颜料，器内装有海贝和玉、石器等。青铜兽面分布于坑的西北角，与大量海贝放在一起。青铜人头像和人面具主要分布于坑的四周，坑的中部也有少量人头像，有的人头像内装海贝。部分人头像和人面具毁损或经过火烧，人面具被毁更甚，有的器物碎成数块散落在坑的不同位置。推测多数器物在入坑前已经被故意砸碎，也有一些是在夯填时被砸碎的。

熟悉古蜀文化的人都知道，三星堆文明是长江上游以成都平原为中心的古代青铜文化的典范。在类似的文明发现以前，研究者一直认为黄河文明是华夏文化的发源地，但现在这样的论断被推翻了，华夏文明的起源是"满天星斗式"，而不是以黄河流经的某个地域为发源地和中心，商周时期高度发达的青铜文化在中国广阔的地域遍地开花。

然而古蜀文化的神秘在于，这些高贵而精美、被砸烂焚烧埋藏的礼仪性重器不是在庙堂类建筑遗址中发现的，而是在两个土坑中发现的。为什么人们要如此粗暴地对待这些平时和神灵供奉在一起的精美礼器？

可以想象，这种不正常的埋藏方式，一定是在某种紧急而特殊的情况下发生的。是因为惨烈的战争，凶猛的洪水，突如其来的灾祸，还是无可逃避的瘟疫？或是因为古蜀人已经厌倦了这块土地以及依附在这块土地上的神殿吗？……总之，当时的情景一定令人深感不安。这一事实大概牵涉古蜀历史上的一件隐秘大事：是改朝换代，还是弃旧图新？是自我毁灭，还是另谋生路？

千古之谜：三星堆王国衰败史

三星堆古城两个祭祀坑的出现令所有热爱古代文明的人兴奋异常。他们除了研究成都平原商周时期青铜文明的发展以及它所达到的高度外，还对这种文明的独特性产生了兴趣。甚至有相当一部分学者潜心研究两个祭祀坑的成因，试图破解这两个土坑中所隐藏的秘密，因为这两个土坑很可能就是三星堆文明忽然中断和消失的关键所在。这样的揭秘工作有点像私人侦探面对一桩无头案，时间的流逝已使各方面的线索变得模糊不清。因此参与三星堆祭祀坑揭秘工作的人只能采取推测和联想的办法，试图复原当时的真实情况。

经过二十多年的研究，目前关于三星堆祭祀坑成因以及三星堆王国突然消亡原因的假说大致有以下几种：一是战争；二是洪水；三是举行开国大典时留下的"封禅遗址"；四是西南古代部族的一次结盟；五是死于非命的蜀王的墓葬。这些推测都有各自的理由，复原当时的情景就像是拍一部科幻电影，若干种可能性都在神秘莫测的气氛中一一重现。

一场战争一场梦

三星堆两个祭祀坑的出土器物，都是经过大火的无情焚烧和人为的破坏后被埋葬的，也就是说这两个坑带有破坏性质甚至巫术性质。有专家学者结合古蜀历史和考古现场作了如下推测：三星堆祭祀坑是在一次惨烈的战争或政权更迭过程中遗留的物证。战败者自不必说，他们可能已经国破家亡，全军覆没，血流成河，剩下的几个王子王孙也都逃之夭夭了。但战胜者，他们面对这片敌人曾经生息过的肥沃土地，面对敌人宗庙中狰狞的、用于祭祀他们先祖神灵的礼器，心中感到一阵阵莫名的恐惧。这些敌国的铜像就像一簇簇邪恶的花一样，盛开在胜利者的面前。砸烂并烧毁这些敌国重器，是胜利者发泄心中怨气，并从精神上彻底打败敌人的最有效手段。因此，在一片熊熊的火海和欢呼声中，一场带有巫术性质的焚毁和掩埋活动开始了。可以说，这是一场恶毒的惩罚，也是一场幸灾乐祸的捣乱。

这种恶毒的惩罚不光在商周时期的成都平原发生过，中原也有类似的情景发生，夏、商、周三代王室也都经历过这种"国破庙毁"的屈辱历史。战胜国往往把敌国的宝器当作战利品或政权变更的象征物得意扬扬地运抵自己的国家，所谓"毁人之国，迁其重器"。《左传·宣公三年》记载："昔夏之方有德也，远方图物，贡金九枚，铸鼎象物，百物而为之备……桀有昏德，鼎迁于商……商纣暴虐，鼎迁于周。"意思是说，夏桀王昏庸无德，亡国之后，国家重器"鼎"被商王朝用牛车一类的工具运回自己的首都去了。后来商纣王暴虐无常，心理严重变态，成天沉迷于女色，亡国之后"鼎"又被周王室给运走了。这反映出古代中原对国家礼器、重器的一种看法，即我既然毁了你的国家，那么你们国家象征政权鼎立的重器就归我所有了。我把它运回到我的国家去，每当我看见它，就等于重温了一次胜利的喜悦和敌人的哭声眼泪，这是多么舒心畅意的事啊！

但为何中原三代王朝政权更迭时，没出现三星堆那样的焚烧状况？他们也该把敌国的"鼎"焚毁砸烂埋入地下才对呀，并且再"踏上一只脚",叫它永世不得翻身,不是更加痛快淋漓?原因很简单,夏、商、周三代王室的礼制和族群人种是基本一致的,他们的文化习俗和祭祀信仰也没有根本性的差别。这正如《礼记·礼器》所说:"三代之礼一也,民共由之。"《论语·为政》也说:"殷因于夏礼,所损益可知也;周因于殷礼,所损益可知也。"这等于是说,他们意识深处已把"鼎"看作是国家和民族的共同财富,谁拥有它,就表明谁是天下英雄,毁了岂不痛惜?因此,他们不把胜利者的冲天豪气和无名怨气倾泻到"鼎"上。

而古蜀国的历史则呈现出截然不同的态势。按照文献记载,曾经在成都平原叱咤风云的蜀王共有鱼凫、杜宇、鳖灵等几代,而他们都不属于同一个部族或文化体系,鱼凫是岷江上游山地的氏族,杜宇是云南昭通人,而鳖灵也是来自异族的"荆人"或"巴人"。他们既然不属于同一个民族或文化区域,那么彼此间的宗教信仰和理念就会出现大的差别。从三星堆祭祀坑出土的器物可以看出,它们绝大部分为宗庙重器,也即一个民族的保护神或精神归依。当一个新的政权代替旧的政权时,那些"冥顽不化"的民族保护神是不会屈尊变节保护异族的。因此在蜀地,毁人之国就不能单单是"迁其重器",而应当是格杀勿论,通通地砸烂焚毁,即要想方设法消除旧的礼俗对后人的影响,最好是把它们从记忆中彻底抹掉。《国语·周语》在谈到这种情况时说:"人夷其宗庙,而火焚其彝器,子孙为隶。"你看这多厉害呀,不但要把宗庙中的彝器火焚,还要让敌人的子孙们世世代代都做奴隶,这就是胜利者对失败者最深的怨恨和最恶毒的惩罚。三星堆祭祀坑出土的"奴隶石雕像",无疑是这种惩罚的直接物证。按照中国人的想象,偶像和存在物之间,无论是在物质上还是精神上都是相通的,特别逼真的画像或雕塑是具有生命的实体,这种臆想是中国偶像崇拜和寺庙文化赖以生存的基础。也就是说,雕像和神偶不是任人摆布的木偶,它有自己的实物象征和生命轨迹。只有彻底砸烂或销毁它们,它所象征的生命实体才可能最终消除。三星堆祭祀坑的埋藏情况,恰恰反映了这种三段式推理。而且,为了使敌国的信仰体系彻底崩溃或化为乌有,他们还把彝器埋入地下夯实。如此一来,人们再也看不到过去的祭器祭礼,其实他们的目的就是要把新与旧之间的信仰联系一刀两断。在"焚其彝器"的过程中，胜利者还举行盛大的狂欢仪式，宰杀牲口燃放大火，砸烂敌人的宗庙祭器。考古学家还据此推测，战胜者可能是深谙农耕文化的杜宇族，而战败者是以渔猎文化为生存法宝的鱼凫氏。一段历史，就在这次悲壮的祭祀中画上了句号。

让我们通过想象来还原一下当时的情景：身披大氅的杜宇威风凛凛地站在三星堆的土台上，他傲慢地俯视着这座战败的城池。尽管以前他听说过鱼凫的城池修得多么固若金汤，范围多么广阔，内城多么豪华稳固，但当他攻破这座城池并置身于现在站立的地方，他发现传说是多么虚假无凭。他想，再坚固的城池不也被我杜宇给攻破了吗？想到此，他的脸上露出了一丝不易觉察的微笑。随着笑意在脸上的逐渐扩展，他原本含蓄的笑容逐渐变成了纵声大笑。这一阵阵狂笑，听起来比刘邦战胜项羽时更加爽朗和肆无忌惮。

士兵们站在杜宇面前发出阵阵欢呼，劫掠和报复本来是战胜者最普遍的心理欲望。不如此，怎么对得起死去的兄弟，怎么对得起为这场战争所付出的高昂代价？一把火烧起来了，石头砸烂青铜人像和青铜神树、神坛的碎裂声，久久地回荡在历史的暗道里。士兵们来回穿梭，显得异常兴奋。一批批被大火焚烧和砸烂的礼器倾倒入新挖的土坑里，叮叮当当的响声听起来像是神灵们无助的哀怨。

但也有一种可能，在三星堆古城即将被攻破的前夕，鱼凫站在被战火洗礼过的残垣断壁上，忽然想起了陪伴他一生的神灵和偶像。这些本来待在幽暗宗庙里的神偶像天空中的闪电一般，忽然浮现在他的脑海里。虽然它们没能保佑他赢得这场战争，但它们毕竟是祖宗遗留下来的国家重器，关乎这块土地、这方人民、这片天空的荣辱衰败——这样的东西岂能落入敌人之手？这时，负伤的士兵一瘸一拐地前来报告：南边的城墙已经失守了，敌人像潮水一样向我们涌来，我们该怎么办？鱼凫用他鱼鹰般锐利的眼睛瞪了一眼这个惊慌失措的士兵。怎么办？干脆集合剩余的士兵和百姓举行最后一次祭祀吧，权当是我鱼凫在古蜀历史上的告别演出。于是，在无比悲壮凄厉的气氛中，鱼凫带领他为数不多的士兵和百姓，匆匆忙忙地完成了这场空前绝后的祭祀。祭罢，再给这些礼器营造两个可以安息的土坑，让它们和这块土地长久在一起，然后大家拔出利剑，向着敌人的阵营冲锋而去。

记住那次洪水

依附在三星堆古城近旁的马牧河虽然静静地流淌着，但有一次它像脱缰的野马突然闯入了兴盛的三星堆古城内。那时候的马牧河比现在干涸的河道显得更加宽阔幽深，因此当河水因雨季暴涨时，汹涌的水流比得上决堤泛滥时的黄河。有关洪水毁灭三星堆古城的痕迹在考古发现中得到了证实。有一份考古材料说："三星堆以南的阶地第七层是一层厚20～50厘米的淤泥，青黑色，包含物极少，明显与洪水有关。此层出土遗物为三星堆末期，因此毁灭三星堆古城的洪水就发生在三星堆文化的末期。"

成都平原为什么自古就与洪水纠缠不清？难道这块低洼的盆地命中注定是要用来储蓄洪水的吗？分析个中原因，主要是由于成都平原本来就属冲积扇平原，大大小小的河流从西北方向朝东南方向呈扇面状流淌，一旦骤雨来临，河水就很容易暴涨，导致决堤，从而造成城破家亡的灾难。古蜀传说中最大的一次洪水发生在杜宇统治的末期。《蜀王本纪》说："时玉山出水，若尧之洪水，望帝（杜宇）不能治，使鳖灵决玉山，民得安处。"这次洪水实在太厉害了，像人类洪荒时代的洪水，铺天盖地地淹过来，用土筑成的三星堆古城只能在它面前战栗。

那些布挂在庄严庙堂里的青铜人像、面具本来是三星堆古城的保护神，然而现在它们失职了，它们对奔涌而来的洪水视而不见，眼睁睁地看着洪水冲破三星堆高大坚固的城墙，未能尽到它们本该具有的福佑职责，它们的"失职"使得三星堆古城屡屡受到洪水的侵害。神灵不灵，当然要失去人们一如既往的信赖了。人们惩罚它们，打砸它们，抛弃它们，并且重新选择了值得信赖的神灵和新的居住地，一切旧的东西被抛弃，三星堆古城的人们从此迁徙到了离成都更近的金沙遗址。这个变换的过程，可以被看作是一场原始的信仰危机和信仰革命。

对失灵的偶像进行惩罚的事例，在中国历史上多有记载，如弗雷泽的民俗学巨著《金枝》就曾记载说："1888年4月，广东的清朝官吏们祈求龙王爷停止没完没了的瓢泼大雨，当它对他们的祷告充耳不闻时，他们便把它的塑像锁押起来整整五天。"

倘若要还原当初的历史真相，故事的开头可以这样写：天空阴霾密布，暴雨一连下了七七四十九天，这场雨对三星堆古城的国王杜宇来说，简直是一场灾难。他是个对雨水没有多少好感的人，他生来就讨厌这没完没了的雨水。夜里，他睡在宫中潮湿的床榻之上，被子发出一股霉味，他感觉自己就像睡在船上似的，他能听见洪水在城墙外面不断拍打的声音，像是河水在一次次拍打着船舷。而且，这种声音越来越响亮，一次比一次更急地发出威胁的信号。直觉告诉他，远处的洪水正日夜兼程地赶往这里。这一夜，杜宇翻来覆去没有睡好。

翌日清晨，杜宇在近臣的陪伴下忧心忡忡地登上城墙。他在登城的过程中，感觉原本坚实的城墙这时已经像浸泡在水里的蛋糕一样快要酥解了。他问：上个月我们祭祀过几次天神、雨神和水神？负责国家祭仪的大臣禀报说：大王，我们一共祭祀了十五次，几乎每两天就祭祀一次。杜宇绝望地点点头。刚才回答问题的大臣似乎没把话说完，这时又继续说道：大王，依微臣之见，这些太庙里的神偶好像一点也不听话，它们是不是被娇宠坏了？不准胡说，杜宇以坚定的语气打断了大臣的胡言乱语。然而杜宇心中十分明白，这些老态龙钟的神偶确实是不灵验了。

寻找新的居住地的想法很快被提了出来，多数人认为应迁往平原的腹地，而不应该回到平原西北边的山地里去，因为如果那样的话，对于一支熟悉平原农耕生活的部族来说，无疑成了一场灾难和文明的倒退。杜宇赞同这种看法，吩咐手下做好全城大搬迁的准备。

洪水依然没有退去的迹象，而且来势更加汹涌澎湃。主持搬迁工作的大臣这时提出一个问题：用于祭祀的国家礼器需不需要全都带走？杜宇蹙着眉头说：带走一部分吧，其余的都留下，我们在城址被淹之日可能会举行一场盛大的祭祀，为了这块生养我们的土地，也为了让失灵的偶像重新苏醒。我想告诉它们，我现在要撇下它们走了，要搬到一个新的地方去了；我想让它们知道，我杜宇不会无条件地屈尊于它们一辈子。杜宇的这番话虽然平静而忧伤，但所有在场的人都能感到它的分量。是啊，一个民族只有弃旧图新，才可能寻找到新的出路。

一天上午，雨停了，笼罩在滚滚乌云中的三星堆古城迎来了短暂的晴朗，但人们清楚地知道，这是暴风雨来临之前的预兆。这短暂的晴朗，根本不可能改变城外的洪水以更快的速度、更大的流量涌向这里。一场祭祀在哀怨中悄然进行：焚烧的滚滚浓烟伴随着潮湿的空气升上天空，天空中低低地悬垂着铅灰色的云层。远处的沼泽地中，不祥的鸟展开黑色的翅膀在天幕下低低盘旋着，发出一阵阵恐怖凄厉的哀叫。当挖掘祭祀坑的工人在坑底发现水在不断渗出时，他们知道洪水真的来临了。人们加快了行动的节奏，他们一边咬牙切齿地打砸和焚烧这些礼器，一边恶狠狠地警告它们：再不让洪水退去，我们就要砸断你的腿、打瞎你的眼；然而，神灵们一个个默不作声。几天以后，三星堆古城变成了一片泽国，水中漂浮着屋顶的茅草和婴儿的衣服……又过了三千多年，人们发现了当时祭祀留下的两个土坑和一层青黑色的淤泥。

这里有一个问题需要特别提出，即三星堆两个祭祀坑的年代是否相同？根据"一号坑"和"二号坑"的发掘报告，发掘者认为这两个祭祀坑的年代是不相同的，"一号坑"大概埋藏于商代早期，而"二号坑"埋藏于商代晚期，这中间相隔了很长一段时间。对于这个特殊现象，几乎所有的人都觉得难以理解，因为两个祭祀坑相隔只有30米，而且坑的形状大小、方位、坑中器物的毁损和埋藏情况都极其相似，就像是一个模子里铸出来的，怎么可能出现这么大的时间差呢？因此，有相当一部分考古学家"固执己见"，坚决不同意两坑不同时的观点。他们认为，两个坑在年代上应是完全一致的。

事实上，如果我们认定两坑不是同时挖掘和埋葬的，就给自己出了一个难题，即无法圆满解释这两个相似的坑为什么不同时，为什么要留下青铜人形面具很长一段时间来等待第二坑器物下葬。但是，通过上面对洪水毁城的可能性的推断，我们就有理由认为：这两个祭祀坑完全可能不在同一时期。换句话说，三星堆古城曾经两次遭到过洪水的威胁。第一次，洪水肆虐相对较轻，但也引起了三星堆王国的动荡和他们对神灵的失信，给神灵们一次警告或惩罚想来是十分必要的，因此出现了"一号坑"。若干年以后，三星堆古城再次受到洪水的威胁，这一次要比前次更厉害，甚至导致人们产生了对失灵神偶的怨恨和愤懑情绪，因此，"二号坑"器物的埋藏数量是"一号坑"的三倍，而且更精美，连最贵重、最难制造的青铜器也一并埋葬了。

祭祀坑与开国大典

三星堆两个神奇的土坑被命名为祭祀坑，首先是由发掘者在两坑的《发掘报告》中提出的。此后，该说法一直为学术界主流所认可；尽管不时有新的论点出现，但还不足以动摇它的权威性。笔者认为，姑且不论是何原因造成了两坑器物的掩埋，但在掩埋之前或掩埋过程中，毫无疑问是举行过某种大型宗教仪式的，这种仪式就是祭祀。因此从广义的角度来说，"祭祀坑"的定义要比"掩埋坑""埋藏坑""器物坑""窖藏坑"等提法更加准确和无可非议。

只要仔细观察两坑器物及出土情况，祭祀的浓郁氛围便会扑面而来。首先坑中器物均被砸坏并经火烧后才加以掩埋，说明它是古代燔燎祭祀的遗迹；其次，出土物中的青铜雕像、神树及玉、石器等，是无可争辩的国家级祭祀礼器；再次，两坑相距甚近且具有相同的形制和统一的朝向，两坑坑壁齐整，器物分层叠压，说明这是两次时间充裕并经过充分准备的大型祭祀活动。

倘若我们单从出土器物的整体情况进行分析，也可看出它们大多数应为代表国家神权、王权的超级重器，绝非一般人所能拥有。"一号坑"出土了大约3立方米烧骨碎渣，说明此次祭祀曾大量使用牺牲……种种迹象表明，这种祭祀之法与文献记载祭祀天地山川鬼神之礼相近，如《礼记·祭法》云："燔柴于泰坛，祭天也；瘗埋于泰折，祭地也。"《礼记·春官·大宗伯》也云："以禋祀昊天上帝，以实柴祀日月星辰，以槱燎祀司中、司命、风师、雨师……以埋沉祭山林川泽。"在中国古代，焚烧有祭祀天帝日月星辰的作用，而埋藏则有祭祀山林川泽的作用，这两个条件三星堆祭祀坑都符合。由此，发掘者进一步推论说，两坑是三星堆古蜀国同一王朝统治集团内部不同时期权力转移及改朝换代所产生的结果。

一号祭祀坑内器物堆积燔燎的情况有学者根据这一线索进一步提出：三星堆是古蜀人的一处"封禅"遗迹。何谓"封禅"？封禅是中国上古时代一项极为重要的典礼，系指朝代更迭时，受命而王的君主遍告天地诸神而举行的一次隆重祭祀活动，相当于后世的"登基仪式"或"开国大典"。近现代的开国大典往往只举行集会和阅兵仪式，而在古代，开国大典举行盛大的祭祀天地活动则是必须的。从两个祭祀坑的埋藏情况看，这种新颖的说法显得颇有见地，同时，也符合两坑时代不同的论点。更为重要的一点是，古蜀王朝之间权力的更替从传说记载看似乎不具有浓烈血腥的成分，大型的战争极少发生，有的只是"如尧之禅让"一类的和平交接。因此，我们有必要让大家一起来重温古蜀国"开国大典"的盛况。

在古蜀国漫长的历史中，柏灌、鱼凫、杜宇三代蜀王都有可能曾经是成都平原三星堆古城的主人，他们取代前王登基时，是在一种正常的权力范围内进行交接的，而每一代蜀王登基时，都可能举行隆重的"封禅"大典。

大典当天，三星堆古城的人们兴高采烈地来到祭坛四周，空气中洋溢着节日的气氛。新的国王手执金杖，头戴皇冠，身穿法衣，拾级而上，威严地登上了祭坛的最高处。他的目光镇定自若，步伐也显得矫健有力，他知道今天是个特殊的日子，他将在众目睽睽下接受全城人民的朝拜和祝贺。早几天，负责"封禅"仪式的大法师就已择定了这个黄道吉日。我们仿佛看见三星堆古城上的天空是蔚蓝的，太阳像一只灯笼一样挂在城头上，微风轻轻吹来，暖洋洋的太阳照在古蜀人的脸和脖子上。人们把祭祀天地众神的礼器都从国家宗庙中搬了出来，按顺序摆放在祭坛四周，在祭坛下面还堆起了一堆堆柴火。

根据对祭祀坑出土的动物骨渣的化验分析推测，这次封禅活动牺牲准备得十分充足，有鹿、象、猪、牛、羚羊等。举行祭祀活动时，负责宰杀的屠夫们提着明晃晃的刀围着这些动物跳舞，三步一停或五步一摇；稍远一些的空地上，几十个工人正拿着石锄石铲挖掘土坑，一个小头目模样的人拿着一根皮尺似的绳子在那儿量来量去。所有的工作都按照事先的安排，准备得有条不紊。一阵锣鼓声响，"封禅"仪式开始了。新的蜀王在大法师的陪伴下站在祭坛的最高处，向文武百官和黎民百姓发表就职演说。过后，那一圈堆成里三层外三层的干枯柴火被点燃，大火熊熊燃烧，浓烟滚滚，上达天庭。堆放在柴火中的刚刚被宰杀的牺牲和从国家宗庙里搬出来的礼器，也一同葬身火海，此时，人们闻到动物的皮肉和骨头被焚化的焦糊味，青铜也在高温下碎裂和熔化。

伟大的国王孤独地立在祭坛高处，火光映红了他的脸庞和头上的高冠，风撩起了他身上的法衣。他把双手轻轻地合于胸前，长久而默默地祷告着，他想遍告天地山川诸神，从今天起我奉上天之命行使国王的权力，我愿你们保佑这方人民衣食富足，安居乐业，保佑我的基业万代长存，一切战争、洪水和瘟疫都将远离我们。接下来，三星堆古城的臣民们开始饮酒狂欢，并围着那一堆堆尚在燃烧的柴火欢呼雀跃：哇哇，祝我们尊敬的蜀王万岁万岁万万岁！然后，人们兴奋地把尚未冷却的骨渣、灰烬和各种烧坏砸坏的礼器一筐筐往坑里倒。

既然封禅仪式是一场喜庆活动，为什么人们还把各种礼器砸烂烧坏呢？殊不知，中国新石器时代晚期以来的祭祀多有这种风尚，比如，江西的"新干大墓"是与三星堆祭祀坑同时代的古代遗存，共出土玉、铜、陶等器物近两千件，其中大部分器物在埋藏前也遭到不同程度的损毁，玉器中的璧、琮均残缺不全，三件大玉戈被折成数截，铜器中的重器圆腹鼎被人为地砸出了两个窟窿，铜刀、铜剑和匕首等也被折成数段。这种现象不能简单地理解为一种破坏行径或发泄性行为。在古代，祭祀礼器属国家庙堂重器，一般人哪来那么大的福气消受，只有被神化了的国王、天子才配享用，所谓"神器有命"是也。因此，焚烧或打砸的行为从某种意义上说是敬畏，而非轻亵。尤其是当这些礼器用于祭祀天地山川时，心中的虔诚必然导致人们把这些礼器无私地奉献给神灵，而打砸与否关乎神灵们最终是否得到这些东西。

封禅仪式在中国古代的中原并不多见,这大概是由于频繁的封禅会导致大量的国家重器流失,有损国力,所以,即使是国力强大的君主们也不敢随便举行,因此留下的遗存也十分稀少。司马迁曾以总结和告诫的语气说:"封禅之符罕用。"当然,这可能仅仅是中原的情况,而在古代蜀地封禅仪式看来还比较盛行。根据两坑发掘报告,我们知道"一号坑"和"二号坑"不是同时营造的,而且早期的"一号坑"所埋器物比"二号坑"数量更少,贵重程度更低,这恰好说明两坑是随着国力的增长而出现的封禅遗迹。"一号坑"的封禅仪式要简约一些,而"二号坑"的封禅仪式要隆重一些。

结缔同盟

在诸侯林立的商周战国时代,尽管战争像田野里的风一样连绵不断,冲来突去,但与之相伴的盟会活动也十分频繁。在《春秋》所记的242年中,诸侯列国间的军事活动(战争、侵略、吞并等)共有483次,而具有和平性质的盟会活动也毫不逊色,达到了450次。由此可以推论,古代的人们并非荒谬和愚蠢到只喜欢战争的程度;相反,对于和平的爱好和追求才是他们所企望的。《释名·释言语》解释"盟"字时说:"盟,明也,告其事于神明也。"《春秋正义·鲁隐公元年》则将盟誓说得非常形象具体:"杀牲歃血,告誓神明,若有违背,欲令神加殃咎,使如此牲。"翻成白话就是:各位神明你们听清了,我今天与某某结盟,一言既出驷马难追,万一谁人违誓,你们一定要降罪于他,使他和这些被宰杀的牲口一样喉咙出血,立时毙命,死无葬身之地。

从三星堆两个祭祀坑的实际情况看,3立方米的动物骨渣,都是在焚烧前被放过血的,而歃血是盟誓的主要特征和手段之一。在侯马东周盟誓遗址中,我们即发现大量被使用的牺牲,只不过三星堆祭祀坑的牺牲都是经过大火焚烧的,其中原因当然不排除地域文化和习俗的差异。盟既然是"告誓神明",那么焚烧时的滚滚浓烟不是能更好地起到"上传下达"的作用吗?

形态逼真的青铜大立人像和各类人头像、青铜面具到底是指古蜀人供奉的神巫，还是属于当地不同部族的"族徽"标志，都是值得思考的问题。青铜人头像的发饰、冠饰为何出现多种差别？为何有的青铜头像上还戴着金面罩？青铜面具造型也不同，有"纵目面具""人形面具""兽面具"。难道三星堆王国所供奉的神灵是如此庞大的一个群体吗？古蜀人难道搞的是"多神教"，信奉的是驳杂多样的信仰体系？这里面还有许多值得我们深究的地方。

　　三星堆出土的人头像、面具虽然具有神的气质，但仔细观察会发现他们同样具有人的特征，比如青铜大立人像身上穿的衣服以及人头像变化多端的发型，它们的形象很可能就是成都平原及周边不同部族人民的造像。《蜀王本纪》云："蜀之先称王者有蚕丛、柏灌、鱼凫、开明，是时人萌，椎髻，左衽，不晓文字。"因此从服饰文化上来说，椎髻和左衽（两片衣服抄拢在左边腋下开口，并从上至下缝制纽扣）是古蜀人的重要特征。古代西南地区较大的几个族团通常也以发式相区别，据《史记·西南夷列传》和《魏略·西戎传》记载，夜郎、邛都、滇和筰的部族均梳椎髻，而氐、巂、昆明等民族或部族脑后留发辫。三星堆祭祀坑出土铜像中，上述两种发型都有，如包括青铜大立人像在内的戴冠者和插笄者，其发饰均为椎髻；青铜人头像中又有不少发饰梳成发辫的形象出现。因此，我们感觉这是一个以蜀国为中心的西南族团大联盟，当中有以三星堆为中心的地地道道的蜀人，也有来自更远地方的氐、巂、昆明等部族，他们组合成一个大的地方同盟。

　　这样的同盟对于西南地区政局的稳定和古蜀国在成都平原的统治地位都是至关重要的。在这些青铜头像所代表的庞大同盟中，青铜大立人像代表三星堆蜀王，因为他是这次盟誓的东道主和主角，国力又最强盛，所以造像格外突出和引人注目。他手里遗失的东西也许不是琮一类的礼器，而是一个民族大团结的标志性器物；而其余的人头像、青铜面具则代表了参与此次盟誓的各部族首领。他们中有来自蜀地周边的小部落，也有来自较远地方的昆明等异族部落。假如这个推测成立的话，那么，成都平原在商、周时期就存在一个蜀族大联盟。还有一个发现能够有力地支持这种观点，即多数铜像内腔还保留着"新鲜"的范土，并且坑内骨渣中也发现有用于铸造的泥芯和铜渣，这说明铜像不是很早就铸造好悬挂于庙堂之中，而是因为临时所需，才集中了所有的工匠进行大规模铸造，什么样的族团雕刻什么样的族徽模具，都有讲究。

三星堆在古蜀时期确实是成都平原上的一个兴旺发达的中心城址，这里聚居着一支政治、经济、文化、军事都相对发达的蜀族，它的影响力和威慑力是巨大而深远的。在这个中心城址之外，在广袤的川西平原和周边山地，以及更远的云南等地还居住着大大小小的不同族团。过去族团之间的摩擦和小规模战事已经令人厌倦，人们不希望看到流血、凌辱等民族间的纷争，影响彼此间的团结、贸易和文化交流。也有一种可能是各族团慑于三星堆蜀国的压力，主动前来结盟——总之，通过各族团外交家们的共同努力，他们达成了缔结友好同盟的协议。盟誓仪式的地点当然选在三星堆，因为只有三星堆蜀国才有充当盟主的实力。这一天，各族团首领带着他们的誓约和贡品，千里迢迢赶到三星堆古城。

蜀王在自己的宫殿里接待了各族团首领，并且举行了盛大的欢迎酒会，然后大家携手来到盟誓现场。那些新铸造的、代表各族团"族徽"的青铜人像、头像被一一陈列出来，来自远方的首领们对三星堆工匠的手艺佩服得五体投地，他们一边赞叹，一边仔细抚摸。蜀王接受着他们的阿谀和恭维，举止间透露出一方霸主的豪迈气概。跟随这些首领而来的各族团使者，也受到这种气氛的感染，大家化干戈为玉帛，相互握手和拥抱。

盟誓现场旌旗飘飘，各族团带来的用于盟誓的动物中有许多头大象。牺牲被宰杀以后，血被盛在精致的陶器中。大家挽起袖子，把这些热气腾腾的血坚定地端了起来。三星堆蜀王以盟主的身份发表讲话，他的语气平和而坚毅，颇有一个成熟政治家的风度。各族团首领频频点头，一致认可蜀王所讲的和平共处若干项原则，然后大家一起对天发誓，一仰脖子把热腾腾的血都干了。仪式和焚烧也随之开始，信誓旦旦的话语伴随着浓烟飘向远方。

最后大家把结盟的象征物（铜器、玉器、金器等）一齐砸烂，让所有的真诚都归结到两个实实在在的土坑中。参加盟誓的各国代表坐在屏风后饮酒高歌,大家都为这次成功的结盟感到欢欣鼓舞。

蜀王大墓

无论我们把三星堆祭祀坑看作是盟誓遗迹也好、失灵神物掩埋坑也好,或者是不祥宝器掩埋坑、亡国宝器掩埋坑、祭礼坑等,仍有一个问题解决不了,那就是,为什么蜀王生前使用的金杖会被埋入坑中?蜀王的私人用品混杂在大量的礼仪性祭祀用品中,显得不合时宜。它们的出现唯有一种可能性,那就是随葬,就像我们在许多墓葬中所看见的那样,死者的私人用品伴随亡灵来到了九泉之下。因此有学者根据这一疑点以及器物被毁损后又极有规则地加以埋葬,提出这两个坑应属死于非命的某代蜀王的墓葬。

金杖和神树(如果它真是一株摇钱树的话)都是蜀王的私人用品,而现在却凄凉地埋于土坑中,这无疑与蜀王的身世有着某种关联。三星堆祭祀坑出土的金杖在中国考古史上仅此一例,它长142厘米,上端有46厘米宽的平雕图案,共三组,分别为前后对称的戴冠坠耳的人像和两两相背的鸟和鱼,极具王者气派。当蜀王拄着它上朝或参加各种仪式时,人们的目光追随着这根金杖,就像追随着一面旗帜。考古现场还发现,距这根金杖不远的地方有一青铜龙首饰件,估计应是金杖上端的龙头把柄。虽然金杖出土时内里的木棍已碳化无存,但研究者们一致认为,它是一根象征王权的金杖,蜀王的大手曾经拄着它在三星堆古城走来走去,发号施令。它不像青铜人像、面具等器物存在诸多有关用途和喻义方面的歧义,而是有定论的。从中国传统丧葬习俗进行考察,这种君王平时使用的随身之物,只有在一种情况下可能被埋入地下,那就是随葬。

虽然坑内大量焚烧的骨渣被确认为动物骨渣,但也不排除有人类骨渣混杂其间的可能性。只是由于动物骨渣的数量多,而人类骨渣的数量极少(或许只有死于非命的蜀王一人),因而即使采用现代科技手段也难辨识。

从青铜大立人像、青铜人头像、青铜面具内存的泥土来看，它们在埋葬以前似未在庙堂中使用和悬挂很长时间，而是刚被铸造出来。它们为什么被临时集中铸造，难道是为了应付"蜀王暴亡"这一突发的重大政治事件吗？

综合以上因素，我们不妨作如下推测：在一次大规模的狩猎活动中，蜀王带领近臣在成都平原的某个山岗上围捕猎物，丛林中人欢马叫，打头的猎犬在丛林中嗅来嗅去，寻找猎物的踪影。蜀王骑在一匹枣红色的骏马上，手里挽着一把强弓打头阵。突然，一只凶猛的野豹从树杈上跳下来，用尖利的牙齿咬伤了蜀王的脖子。这样的意外在中国历史上并不是没有。黄仁宇《万历十五年》中就记载，明朝的正德皇帝是个喜欢冒险和无拘无束的人，曾经带领士兵到北方的边境迎击入侵的敌人，他放着自己的豪华马车不坐，而喜欢钻到既拥挤又颠簸，还散发着种种臭味的士兵的马车里去。有一次，正德皇帝到南方的江河里参加捕鱼，在江面上他独驾轻舟，不想风高浪急之下，连船带人都被打翻了，随从们手忙脚乱把他从水里捞起来，正德皇帝受了凉，又被突如其来的惊吓弄坏了神经和内分泌系统，回到京城就一病不起，虽经多方医治，最后还是呜呼哀哉了。

蜀王的这次受惊和受伤丝毫不比正德皇帝差，当随从们把他用快马送回宫中抢救时，他的气息已十分微弱了。宫中所有的太医都被集中到蜀王的病榻前，蜀王的母亲甚至重金悬赏，谁要是治好了蜀王的伤，我把蜀国二分之一财富赠给他。然而蜀王的伤势的确太重了，野豹的牙齿像钢针一样刺穿了他的喉咙，尽管太医们使尽了浑身解数，也救不了蜀王的尊贵性命。

按照蜀国宫廷的丧葬制度，对那些因意外原因亡故的君主，都要举行一次特别的葬礼。因为他并非寿终正寝平平安安地老死宫中，而是在丛林中出的事，因此他的亡灵是不安的，需要举行一个特殊的仪式进行超度。于是，在王储的安排下，他的尸体被火化。伴随亡灵升上天宇的，还有他平时喜爱的金杖和摇钱树。蜀国的人都清楚，这根金杖的铜把柄经蜀王天天抚摸，已经变得又光滑又发亮，就跟刚上过油打过蜡似的。他白天随身携带着,晚上睡觉时就搁在床头的地板上,斜靠着那一株珠光宝气的摇钱树。这都是他平时喜爱的、用惯了的东西,理应让他带走。此外,人们还把庙堂里的玉器、尊、海贝、象牙等物品搬出来,又杀了许多动物,还集中全国的工匠临时铸造了大批青铜器,把这些东西一起焚烧砸烂了,献给人们所尊敬的、已经进入另一个世界的蜀王。这么隆重的一个超度仪式对于一国之君来说,实不为过,谁叫他命不好不能安逸地颐养天年呢?蜀王虽因意外原因到另一个世界去了,但蜀国的百姓还是真诚地像生前那样对待他。

于是,我们在现代的考古发现中看到了这个特殊的"蜀王大墓",看到了一根蜀王使用过的金杖,看到了古蜀国所拥有的大部分财富。

成都平原史前城址群

远古之城

三星堆和金沙遗址是成都平原古蜀文化时期（商周时期）文明程度极高的古城遗址，如此发达的古代文化不会突如其来地从天而降，必有其发展过程和脉络。换句话说，古蜀文化的灿烂辉煌不是突然出现的，而是经过长时间的发展才达到我们今天所目睹的高度。那么成都平原还有没有古蜀文化萌芽或发展时期的远古遗存呢？1995年以来，成都地区的考古学家相继在成都平原发现了新津宝墩古城、都江堰芒城、郫县三道堰古城、温江鱼凫城、崇州双河城和紫竹城等古蜀文化时期的早期城址，这批年代早于三星堆和金沙遗址的古城，像璀璨的珍珠一样散布在成都平原广阔的沃野之上。通过它们，我们似乎看见了现代成都城最古老的形象。人们对每座古城的城墙和文化堆积较厚的区域进行了解剖和发掘，从而对上述遗址的文化内涵有了较为清楚的认识。尽管几个古城的年代不尽相同，但它们的文化面貌在总体上却是一致的，均有一组贯穿始终而又区别于其他考古学文化的独特器物群，无疑应属同一考古学文化遗存。

同时，它们与三星堆文化遗址一期（即萌芽期）是相互衔接的。换句话说，这批远古城址是三星堆文化和金沙文明的胚胎或母体，没有这些史前城址的铺垫，也就没有三星堆文明的辉煌。

宝墩古城遗址

宝墩古城遗址位于新津县城西北约5公里的龙马宝墩村,过去一直被人们称作"龙马古城"。当地老百姓传说它是三国时期诸葛亮七擒孟获的"孟获城"——这也没错,因为宝墩古城修筑于距今3700～4500年前的古蜀时期,随后因为战事或政治文化重心的转移而被废弃,再经历漫长的秦汉时期,到三国时已经很有些年头。宝墩古城虽然不再有大量的人口居住,但从它保存完好的城墙和开阔的地形来看,仍可称作"军事要塞",因此诸葛亮利用它大摆乌龙阵,七擒七纵,把个心高气傲的孟获治得口服心服。

在开阔的平原上,有这样一些古人修筑的大型城堡凸现出来,的确可以视作是攻防俱佳的军事据点。据说1949年底,郫县古城就曾经是国民党残部负隅顽抗的一个据点。回过头来再看宝墩遗址:它的平面呈长方形,东北—西南朝向。目前东北墙、东南墙的北段以及西北墙的北段尚保存完好;其余东南墙南段及西北墙南段仅残存名叫"蚂蟥墩"和"李埂子"的断断续续矮墙;西南墙俗称"余埂子",高度仅为完好城墙的一半左右;拐角处,西南墙与西北墙相接的地方也保存完好,数千年前的夯土清晰可见。按照城墙的长度计算,宝墩古城长约1000米、宽约600米,总面积60万平方米。现存城墙最宽的地方25米,最高的地方5米。

考古学家最初发现这座古城时,并未预料到它的年代有如此久远,只是在城墙上发现了汉代的墓葬。后来,通过对城墙的解剖和遗址内的钻探、试掘,才发现这是一座古蜀时期人类遗留的大型城址,此后还相继出土了大量的陶片、石器、墓葬和房基。随着出土器物的不断增多,遗址的文化内涵逐渐浮出水面,最后考古学家们确认,这是一座早于三星堆古城遗址的古蜀文化早期遗存。

都江堰芒城遗址

都江堰芒城遗址位于都江堰市南约12公里的青城山芒城村,当地老百姓俗称"芒城子"。从地理位置考察，该遗址地处成都平原西部边缘，西距青城山支脉药王山 2.5 公里，东距泊江河 1.4 公里。整个城址呈长方形，修筑有内外两圈城墙。目前内城墙保存完好，长约 300 米、宽约 240 米，城墙宽度 5~10 米、高 1~3 米。与内城墙相比较，外城墙保存状况要差一些，仅有北垣残长 180 米和南垣残长 130 米凸出地面。两圈城墙之间的距离约为 20 米，中间地带是因取土筑墙而形成的低洼的城壕。芒城遗址总面积约为 10 万平方米，是目前发现的古蜀城址中面积较小的一个。

1996 年 11 月至翌年 3 月，成都的考古学家们对该遗址进行了详细的调查试掘；1998 年 10 月至 12 月，本地考古学家又与日本早稻田大学的考古学家和人类学家合作，对该遗址进行了大规模的正式发掘。结果，发现大量的灰坑、房屋基址、陶片和石器，其总体文化特征与宝墩遗址晚期相一致。在对城墙的解剖过程中，考古学家们发现芒城遗址的内外城墙是同时修筑的，当时两道城墙之间的沟壕里充满了水，根据沟壕内淤泥的沉积情况，说明到了宋代沟壕才被人为地填平。这种筑城方式很自然地让人想起古代大型城池四周的"护城河"，它对城池本身的安全和防范都能起明显作用，只要在城门口安放一座吊桥，就能进可攻、退可守了。

发掘中还探明当时居住在芒城的蜀人的筑城方式：他们将内壕的土用来夯筑内墙，外壕的土用来夯筑外墙，而且取土量和用土量完全一致，也就是说，他们没有到别处取土。

郫县三道堰古城遗址

郫县三道堰古城遗址位于郫县县城北约 9 公里的三道堰古城村，处于成都平原的腹心地带，当地老百姓传说是三国时期诸葛亮养马的"养马城"。整座古城位于蒲阳河和柏条河之间的冲积平台上，城垣呈长方形，长约 637 米、宽约 487 米，总面积为 31 万平方米。在宝墩时期的几座古城中，该城址是保存最为完好的一座，除了东南垣北端有一处宽约 10 米的缺口（推测可能是当时的城门或后人取土造成），其余城墙均如巨龙横卧，连绵不断，城基最宽处约有 30 米，最高处约有 4 米。

1996~1998 年，考古学家们对该遗址进行了大范围发掘，发现房屋基址 12 座，墓葬 1 座，绳纹花边口罐、敞口圈足尊、盘口圈足尊和喇叭口高领罐等陶器，证实遗址年代也在宝墩文化时期。通过对遗址城墙的解剖，发现墙体下叠压有更早的文化层，这说明郫县古城在修筑以前，这里已有聚落存在。而且郫县古城的城墙曾经夯筑过两次，第一次是在遗址建成的早期，第二次是在中期偏早阶段。第二次筑城就是在第一次城墙的基础上加厚加高形成的，这说明随着国力的增强、人口密度的增大，当时居住在郫县古城的蜀人们防范意识和城市意识也进一步增强了。

1998 年冬天，位于郫县三道堰村的郫县古城蜀文化遗址内，大片的庄稼长势良好，绿油油的麦子已有一尺高，成都市文物考古研究所的考古学家们，利用雨水偏少的季节对该城址进行了一次大面积发掘，重点发掘地段选在古城的腹心地带。谁也没有指望这次发掘会有大收获，因为以前对其余几座古蜀时期的城址进行发掘时，大多只发现一些小型房屋基址、简单的墓葬、陶片、石器等，从来没有发现过类似三星堆祭祀坑那般重要的文物遗存。然而当这次发掘挖到地下两到三米时，考古学家们发现了一道由卵石铺成的房屋基址，这道基址看起来与普通的民居不一样，因为它好像更加宽阔、森严，具有某种特殊的背景。考古学家们忽然意识到了什么，于是沿着这道卵石房基向两边拓展，经过近两个月的努力，一个前所未闻的大房子遗迹终于暴露在考古学家们面前，由于它正好处于郫县古城的中心位置，所以很快显示出特殊的意义。

郫县古城遗址出土的敞口圈足尊这座大型房屋基址的朝向跟古城的朝向是一致的，即呈西北－东南向，长度 50 米、宽度 11 米，总面积达 550 平方米，可谓硕大无朋。从显露出来的房屋基址上，可以很清楚地看见四条笔直的围成长方形的墙基，每条墙基均以卵石作基础，卵石中间的木柱虽然已经不存在，但碳化以后的痕迹仍清晰可辨。每个柱洞之间的距离为 0.7~1.2 米，柱洞本身的直径为 0.2~0.3 米，也就是说，当时用于支撑墙体的木柱直径为 0.2~0.3 米。虽然这座大房子的墙体已消失，但推测应为木柱间编缀竹笆，然后再抹上泥草相拌的湿土，并经过烘烤而成。另外在房内地面还发现大量的用于防潮的红烧土，整座房子没有隔墙和立柱，可见其建筑技术多么高超。

特别引人瞩目的是，这所大房子的中间还有五个卵石砌成的台子均匀地横列着，每个台子之间的距离约有3米，而且台子的周围都挖有一圈小基槽，槽内埋设了密集的圆竹（虽然圆竹已经炭化，但痕迹可辨），由此可知当时垒筑时，先是用竹在台子四周围成"护壁"，然后再往其中投掷卵石形成台子。至于为什么会出现五个台子，而不是三个、四个或六个，考古学家们解释说，古蜀人有尚"五"的习俗，认为五是一个最吉祥、最完整的数字，所以在一些古蜀时期的墓葬中，会发现五个一组的器物。也有一种可能，那就是这五个台子关乎郫县古城聚落的某个秘密：是五个家族支系，还是五个不同部族之间的结盟？这些问题都只有留待以后的考古发现作进一步推论。

从这座大房子内部和周边的地层解剖看，该区域文化堆积非常纯净，几乎见不到什么生活用品，也未发现任何生活类附属设施，可见它不属于一般性的居住房屋。综合各方面的信息，专家们认定，郫县古城的大房子是古蜀时期的一座大型礼仪性建筑，是当时人们举行重要仪式的场所。看来这个处于古城中心位置的"大厅"应是凝聚该城的关键和最重要的枢纽。考古学家们还发现，郫县古城遗址内其他的小型房屋都是围绕这座大房子布局的，而且所有房间的门都朝着大房子，形成众星拱月的壮观场景。

《中国古代文明与国家形成研究》一书曾经这样论述这种聚落和中心建筑的关系："中心聚落作为贵族的聚集地，在含有亲属关系的聚落群中，它具有政治、军事、文化和宗教等中心的地位和作用，并建有太庙大室之类的建筑物，形成在精神上统治全社会的宗教神权。而中心聚落周围的那些普通聚落，则失去了平等、独立的性格，与中心聚落形成了半从属的关系。"换句话说，我们已经找到了郫县古城古蜀时期的最重要建筑——太庙。

在这座庞大的建筑中，统辖此城的蜀王会定期举行祭祀、召集会议或发表演讲，所有有关政治的、经济的、宗教的指令都会从这里发出。我们虽然不知道当时房中四壁和台子上的陈设如何，但想必应当有类似三星堆祭祀坑出土的大型祭器，不然，如此巍峨壮观的建筑不是白白浪费了么？

郫县古城大房子的发现，为我们勾勒出了古蜀聚落、城址的中心布局和结构。这虽然仅是个案，但我们有理由相信，其余几座古城的建筑格局应与之相差不多，因为它们同是受一种文化影响、同一个时期的蜀人城址。假如我们能够发现三星堆古城内的大房子，那么，我们就能知道祭祀坑中的礼器是如何从墙上跌落坑中的。

温江鱼凫城

温江鱼凫城位于温江县城北约 5 公里的万春镇鱼凫村，传说为古蜀王鱼凫的国都所在，故称"鱼凫城"，从它所处的地理位置看，也是属于成都平原的腹心地带。由于受传说的诱惑，这座古城对于考古学家来说具有非凡的吸引力。1996 年冬天，成都市文物考古研究所的考古学家们对该城址进行了详细的调查、钻探和发掘，结果发现鱼凫城的城墙形状与宝墩时期其余几座古城都不一样：其他的城都呈长方形或接近方形，而鱼凫城是呈规则的六边形。可惜这座古蜀时期名气最大的古城，其城墙墙体毁损严重，保存极差，仅有南垣 480 米、西垣南段 350 米、西北垣西段 370 米、东南垣 150 米依稀尚存。按复原后的城垣推测全长约为 2100 米，城郭总面积约为 40 万平方米。

发掘中，考古学家们没能发现类似三星堆那样能够代表鱼凫王国都所在地形象的重要文物，只是发现其城墙夯筑十分讲究，内侧墙体的土均为质地紧密的黏土，而外侧墙体的土是质地疏松的土，但土中夹杂有很多坚硬的鹅卵石。另外，有一条古河道从西北墙穿过，又从东南横穿遗址的北部流出。由于目前河道的形成年代与遗址的年代关系尚不清楚，所以我们不敢断定鱼凫城的废弃是否跟这条河流有直接关系。

双河村遗址

双河村遗址位于崇州市区北约 16 公里的上元乡芒城村双河场，当地俗称"下芒城"，从遗址命名的角度看，它应当与都江堰芒城遗址有着某种对应关系。该遗址总面积不大，只有10余万平方米，其城墙修筑方式也与都江堰芒城一样，分内外两圈，而且同样是内城墙保存较好，外城墙保存较差。通过对遗址的发掘，我们发现该遗址地层堆积较薄，出土器物较为单纯，缺少大的年代变化，而且从城墙西垣早就被河流冲毁这一现象来看，双河村遗址的使用年代可能是几座城址中最短的。出土器物中较有特色的是几件三孔石钺和呈透明状的燧石石器。

紫竹村遗址

紫竹村遗址位于崇州市区西南约2.5公里处的隆兴镇紫竹村，是1997年秋天在田野调查中被成都市的考古学家们发现的。虽然目前还没有对该遗址进行正式发掘，但从地表可以看出，紫竹村遗址也筑有内外两圈城墙：内城墙保存相对完好，外城墙保存相对较差，整个城郭的面积约为20万平方米。从采集到的陶片分析，它的年代与宝墩遗址的年代大体相同。

当一座又一座大型的史前城址凸现在成都人眼前的时候，成都人大概会感到吃惊：原来四千多年前的成都平原并不是白纸一张啊！不但如此，而且还相当热闹繁华，欣欣向荣，蒸蒸日上。一个接一个的古城，范围如此之大，城墙如此之巍峨雄壮，以至于经历数千年的风雨依然挺立在平原上，这还不包括数量众多的小的城址和聚落。古蜀人在这些凸现于平原上的垄岗状台地上生活劳作，为现代成都城的文明形态作了铺垫。

四千年前的成都生活

农具中隐藏的秘密

距今四千多年的成都人使用什么工具锄地和耕种？那时候铜、铁质地的生产工具尚未制造出来，人们尚处于蒙昧的原始时期，穿的是兽皮和树叶，住的是简陋的木骨泥墙式小房子，成天在森林中打猎，在河中捕鱼。此外，他们还从事农业生产。因为成都平原的地理环境非常适合耕种，古蜀国杜宇族就是一个十分擅长农业生产的部族。按照人们的经验和想象，四千多年前的成都人一定是使用石器进行农业生产，但事实真的如人们想象的那样吗？

从商周时期成都平原的诸遗址中出土了许多石器，这些石器又分成磨制和打制两种，磨制的石器主要有斧、锛、刀等，打制的石器主要为"盘状砍砸器"。当我们抚摸着这些新出土的石器时，能够想象到古蜀人手心里那坚硬的厚厚茧子。然而当我们仔细观察和分析这些石器时，却发现一个奇怪的现象，即古蜀人所使用的石器中没有用于农业生产的石铲、石锄、石斧等大型农具，难道古蜀人不利用土地获取粮食？

三星堆遗址中出土的石斧大多数长10厘米左右，最长的也仅13厘米，显然不是用于农业生产。其余遗址中出土的类似工具还不如三星堆出土的长，比如成都十二桥商周遗址出土石斧两件，一件长7.5厘米，另一件长7.2厘米；新繁水观音遗址已公布的一件出土石斧，也仅为9.5厘米长。事实表明，成都平原古蜀文化遗址中缺乏长度在20厘米以上的大型石斧，最大的一件是三星堆遗址的采集品，长度为17.8厘米。同时，诸遗址中也未发现石铲、石锄之类的掘土工具，其他材料和质地的生产工具如骨、蚌等也难觅踪影。与此相反，中原地区的商周遗址中却有大量的石锄、石铲、骨铲、蚌铲出土，这种显著的差异值得人们深思。

然而，另一方面，成都商周遗址中出土的石制砍砸器数量却很多，如：成都方池街遗址出土的140件石器中，盘状砍砸器就占了43.9%；成都十二桥商周遗址也出土打制的盘状砍砸器51件，而磨制的石锛和石凿数量分别只有1件和4件。考古学家们对这些磨制的砍砸器进行微痕研究和模拟试验表明，这些盘状砍砸器主要是用于加工竹木材料。我们在对比过程中还发现，蜀地发达的盘状砍砸器在中原却极其稀少，这不能不说明两地自然条件的差异导致了农业生产工具各自的特点。

那么古蜀人到底是用什么工具来完成农业生产中从挖掘、耕地到播种的全过程？这个问题，蜀中的考古先辈们早就注意到了。冯汉骥先生首先提出："不过在考古中很少发现当时的农具，想其主要为木制所致。"童恩正先生也提出："史前时期西南地区的坚竹硬木可以作为掘土的工具，这种竹木工具，在本地区的使用一直延续到有纪年时代，其有效程度不但超过石器，有时连青铜器也难以与之比拟。"结合成都平原的地理条件和土质状况来看，他们的说法是有道理的。成都平原本身为一河流冲积平原，土质相对松软，用竹木之类的工具掘土一定有刀叉分割蛋糕一样的便利功效。相反，使用石器倒显得笨拙和不便了。

宝墩文化石斧

竹木工具与石器，看起来只是古蜀人随意的选择，然而这种选择一定是经过了漫长的实践才作出的，并非异想天开。毛泽东说过："实践是检验真理的唯一标准。"在四川盆地西部的雅安地区曾出土过一座沙溪遗址，发现的石器主要为有肩的大型石器，包括有肩石铲 11 件、有肩石斧 63 件，而且石斧的形体"硕大"，一般长度在 20 厘米左右，大的甚至超过 30 厘米，其突出的肩部显然是为了绑缚长柄而特意制作的。雅安离成都不远，为什么那里的蜀人要把石制生产工具制作得如此硕大，难道他们的身体比成都附近的蜀人更强壮？非也！原来是雅安和成都的地理条件不一样：成都的土质疏松，而雅安是一个丘陵环抱、河谷台地交错如犬牙的地方，土质相对板硬。

成都平原用于农业生产的竹木工具被铁器所取代，应该是在秦统一六国以后，这时候中原文明之风推开了古蜀国的窗子，大量的技术革新和先进文明纷纷拥入，早期的石器竹木工具渐被淘汰，成都平原也因之成为全国重要的农业生产基地。

朝花夕拾杯中酒

古蜀人是成都人的祖先，当现代成都人穿时装、喝啤酒、看电视、逛商场的时候，会不会怜悯我们祖先生活的单调乏味？我们多半会认为他们日出而作日落而息，成天扛着竹木工具、石器或渔网下田下河，遇到灾荒年月，还得为填饱肚子东奔西走，生活肯定枯燥乏味，缺少娱乐和美食。其实不然，古蜀人的生活跟我们一样是多姿多彩、充满情趣的。也就是说，现代成都人的生活情趣是从那时候就开始培养起来的。在三星堆遗址内，考古学家们曾经发现大面积的古蜀人生活区。经过发掘，发现了为数众多的 10 平方米左右的"温馨"小房舍，其结构为古蜀时期通行的木骨泥墙式，同时还发现有面积超过 60 平方米的穿斗结构大房子以及抬梁结构的厅堂。房舍厅堂间，有道路沟渠、小桥流水，形成一个充满生机的紧密聚落。在这些远古人类的遗迹中，很多弥漫着人间烟火的东西被发现：有上了漆的酒器和食器，还有用于歌唱演奏的石磬、陶埙等乐器，再加上各种精美的工艺陶塑如虎、象、牛、猪、鸡、羊、杜鹃、鱼、蛙等，构成了一幅十分鲜活的日常生活图画。

1986 年发掘的三星堆第四期文化层中，有一个面积不大的灰坑，其中摆放了 21 件大小不等的瓶形杯，中间搁置一把陶盉，周围还有许多平底盘、豆、小平底罐等酒器食器。如果把盘中热腾腾的菜端上，把甘冽的酒灌满杯中，三五个穿着布服的古蜀人坐在一张长板凳上吃喝，你会羡慕吗？如今，那些布服飘飘的古蜀人早已随着酒气一起蒸发了，空留给我们一些干涸的装满泥土的古老酒器。根据众多遗址出土的陶制酒器分析，当时蜀地的酿酒技术丝毫不比中原逊色，其酒器的种类已经构成一个完整的系列，从酿造器皿到盛酒器皿，从饮酒器到舀酒的勺子都样样齐全。

酿造器　三星堆出土的陶制酒器中有一种高领大罐，通高 40 余厘米，腹部如孕妇的肚子般圆鼓，直口高领，下腹部作反弧线内收，底部再接小平底。从这个陶罐的形制看，它是古人酿酒的绝佳器物。首先，酿酒的条件之一是必须造就一个密闭的环境，才有利于酵母的发酵和避免其他杂菌入侵滋生，这种高领陶罐的直口正好便于封闭。其次，罐内粮食和酵母菌的繁殖需要一定的温度，最好为 28℃～30℃，所以夏天温度过高时一般不宜酿酒。而在冬天温度过低时又该怎么办呢？这就需要给容器加热，这种陶罐下腹部呈反弧线内收恰好易于受热，而不稳的小平底又适合放在松软的柴灰中受热。由于它在设计上的独到和合理，已有学者将其命名为"三星堆式发酵罐"。

饮酒器 三星堆出土的陶质饮酒器包括觚和瓶形的杯，其中尤以瓶形杯的数量最多，它的外形粗看像是北方烫酒用的陶瓷酒瓶，器形细长，容量在200毫升左右。设计上充分考虑了饮酒的需要，即开口呈喇叭形，这样便于吮啜，瓶颈细束可以保证下面的酒糟不随酒液进入口腔；而容器中最大的空间在底部，也是为了有足够的容量盛酒。

盛酒器 古蜀时期的盛酒器主要有瓮、缸、壶三种，从已经发现的酒缸残片看，缸壁厚度约1.2厘米，腹径超过120厘米，可以算作是一个结实的大酒缸了。酒壶的样式则多种多样，有短颈长腹的、长颈圈足的等。

舀酒把勺 三星堆及其他古蜀文化遗址均发现有"鸟头形把勺"，它是干什么用的呢？原来它就是把酒从缸中舀出来的一种勺子。这种勺子的把柄很长，把头部雕塑成各种长喙的鸟头兽头或钩形，便于勾住酒器口沿，使之不致沉落酒中。

古代成都酒器颇多，酒文化发达，那么用于酿酒的谷物和其他粮食也一定十分丰富。《山海经·海内经》中就曾记载说："西南黑水之间，有都广之野，后稷葬焉，爰有膏菽、膏稻、膏黍，百谷自生，冬夏播琴。"文中"都广"为古蜀地，即今之成都平原。你看，有菽、稻、黍、稷也就罢了，还要加上一个"膏"字，简直把成都平原出产的谷物说得来饱满流油。

谈到酒器，我们还不得不说说古蜀国的青铜酒器，经电子探针检测，古蜀国所产青铜酒器的含锡量为4.42%～8.56%，含铅量为15.07%～29.9%。这个结果把我们吓了一跳，因为古蜀国青铜酒器的含铅量和含锡量的确太高了，这个比例比殷墟妇好墓铜器的含锡量和含铅量分别高4.42%和11.6%。而且蜀国青铜器均不含对人体有害的锌，他们用的是无锌矿。反观中原殷商时期的青铜器，则多含有锌。过去，曾经有学者认为古罗马和殷商贵族的寿命一般不长，原因很可能就是长期使用含铅量过高的青铜酒器导致慢性中毒。如此一来，我们古蜀国的贵族们不是都深受其害了？但是话又说回来，这么珍贵的青铜尊和青铜酒杯又有几个人能够在酒桌上把玩？多半应是作为祭祀陈设，平时饮酒使用陶器也就足够了。

既然有好的酒器和好的酒液，又有浓厚的酒文化氛围，那么蜀国自古出酒鬼、酒仙就是顺理成章的事了。且不说李白斗酒诗百篇、文君当垆，即便是当时的蜀人也已有此气派了。新繁县水观音遗址发掘时，曾发现两座古蜀国武士墓，墓中戈、钺、矛一应俱全，反映出这两位武士生前对青铜兵器的热爱；但令我们惊讶的是，在墓的四周竟围着满满当当数十只圆底壶与尖底罐等古蜀时期的酒器，堪称"酒鬼墓""酒缸子墓"。可以想见这些酒器当时一定是盛满了芳香甘洌的酒液的。

在平原的森林和湖泊间出没

通过考古发掘和孢粉分析得知，古蜀文化时期的成都平原是一片森林茂密、水草丰美的肥美土地，同时也是一片动物聚居、鱼类繁衍的美好家园，我们的祖先曾经赤脚穿行在大片的树木和湖泊之间，身影矫健，有如灵猿，他们通过渔猎采集补充尚不充裕的食物资源。

在最近发现的成都金沙古蜀文化遗址中，我们除了发现大量的象牙，还发现堆积如山的鹿角、鹿骨以及其他动物的牙齿和骨头，那是古蜀人长期捕猎的结果。

遗址中出土的野猪獠牙比现代猪的牙齿更加锋利、坚硬和硕大，这些奔跑速度极快的野猪曾经活跃于四千年前成都平原的乡村田野，体形犹如犀牛。遗址中发现的鹿角大部分尚未朽蚀，保持着固有的质地和花纹。综观成都平原出土的商周时期的动物骨骼仍以鹿科动物为最多。这些美丽轻盈的鹿在被捕杀前，曾经顶着它们树杈一般的角，迈动轻捷的腿，在广袤无际的平原上奔跑跳跃，猎手们看见它们梅花似的脚印留在河畔的沙地上，于是就举起了手中的弓箭瞄准、追捕。这的确是个热闹非凡的世界，单从人与动物的关系来讲，古代成都平原具有跟非洲丛林或亚马逊河流域相同的景观。

古蜀人狩猎的工具，除了开挖陷阱、使用石器棍棒以外，还可能使用了箭镞，因为箭镞在不少遗址中都有发现。现代成都人已经很难想象他们的祖先用一枚石制或铜制的箭镞，以及一把木头的弓，怎样把一头活蹦乱跳的野鹿给杀死。虽然他们也许个个都是弹无虚发的神枪手，而且专射鹿的眼睛，但是欲在短时间内结果其性命也是难事，因此，箭镞的作用很可能是用来射杀飞禽和野兔之类的小型动物，遇到庞然大物还得使用重武器。

广汉三星堆遗址以及周边的月亮湾遗址还发现陶制的网坠，这说明古蜀人已掌握捕鱼技术。他们的渔网是用什么材料制作的，现在已不得而知，但驾上一叶扁舟（或木筏子）在河流或湖泊间自由地穿梭往来、撒网捕鱼却是可能的。当时的河水有多么清澈，水中的鱼儿有多么肥美，这是饱受环境污染的现代都市人做梦也难想象的。由于各种树木自由生长，因此古蜀人还有大量的果实可以摘取，他们的生活虽然艰苦，但还不至于像沙漠地带的居民一样常常遇到饥荒。

随着被捕获的动物数量逐渐增多，古蜀人开始掌握饲养技术。从各遗址出土的动物骨骼鉴定中得知，古蜀人所拥有的动物有相当一部分属于家养。成都指挥街遗址曾出土家养的犬、马、黄牛、猪和鸡的骨骼；在方池街遗址中，也发现大量的家养犬、羊、水牛、猪、黄牛、马、鸡的骨骼；三星堆遗址甚至出土了一件彩陶的鸡，其外观和现代家鸡几乎完全一样——肥硕，翅膀和冠羽退化。如此众多的动物被饲养，说明当时古蜀人的农业生产已经有了一定的规模和水平，否则，哪来那么多的剩余粮食饲养动物？

留在陶器上的指纹

陶器是古蜀时期人们的主要生活用品，它甚至可以替代现代家庭的所有陶瓷、铝、铁、不锈钢和塑料类制品中的装盛类器物。从古蜀时期众多遗址出土的陶器来看，古蜀人已经熟练掌握了制陶技术，他们甚至可以根据器物的不同功用，采用不同的泥土和或老或嫩的火候——泥质陶和夹砂陶的火候不同，泥质陶中的灰白陶和灰黄陶两者的火候又不同。因此，古蜀人在烧制陶器时很可能是分窑烧的。

那么，古蜀人是如何制作陶器的呢？他们有没有什么先进的方法和工艺流程？经过对出土的许多陶器实物进行分析，考古学家发现，古蜀人制陶是采用手工制作加慢轮修补的方法，这和我们现代都市里颇为时尚的"玩泥吧"的操作方式有很大不同吗？没有，只不过现代的慢轮使用电动，而古蜀人用手摇或脚踏，就慢轮而言，两者之间没有质的区别。因为是采用手工制作，所以我们在许多陶器的内壁都能看见古蜀人留下的极其清晰的指纹，它们像远古的化石一样附着在各种各样的陶器上。

审视和端详这些指纹时，你会觉得时间似乎都在顷刻间凝固了，几千年的历史不过是弹指一挥间的事，刚才那个古蜀人还在一边摇着轮子一边修补和审视他的作品，而转眼间，这件"作品"就穿过时光隧道来到我们面前了。

一件陶器的主体部分被制好以后，古蜀人往往还需在它上面粘接其他的"零部件"，比如圈足和器底，直到今天，我们仍能看清古蜀人留在圈足内侧的许多加固划痰；此外，有些夹砂陶器的口沿需要二次粘接，泥质陶壶颈部的粘接痕迹也大多清晰可见。

为了使一件陶器不仅实用而且美观，古蜀人还在制作陶器的过程中往陶器身上戳划花纹，其中夹砂陶器的装饰纹以绳纹为主，其次是戳印纹附加堆纹，少量的还刻有划纹和弦纹。划纹又以水波纹和平行线纹最为常见。戳印纹主要是人工戳印的坑和点，有的呈新月状，有的呈圆圈状，有的呈长条状或锯齿状。可以说，古蜀时期的人们是比较重视陶器的装饰工艺的，大部分的陶器口沿上都有精美的水波纹花边。虽然这些纹饰看起来都是随意而为，简单不复杂，就像画家们的信笔涂鸦一样，但仔细观察之后你会发现，这也是一种美，是一种除却了华丽虚浮的朴实自然之美。

木骨泥墙小房子

三星堆、金沙遗址以及宝墩时期的古蜀文化遗址中，曾发现大量的用同样方式建筑起来的民居，我们称这种民居为"木骨泥墙小房子"，它们的风格、大小、形状都仿佛是一个建筑师设计出来的，这种民居曾经像雨后的蘑菇一样遍布于成都平原众多的城址内,它们为我们想象中的古蜀人找到了失落已久的"家"的概念。

这一时期的房屋建筑有圆形、方形和长方形等,其中尤以长方形居多。揭露后的房址表面首先露出墙的基址,墙基通常都挖有基槽,大部分槽宽为17~30厘米,深为20~50厘米。等房基的槽子都挖好以后,一个家也就被正式"圈"定了,接下来古蜀人还在槽的底部挖出一个个直径为17~30厘米、距离相等的小坑,然后再在坑内竖起木头或者竹子作为墙骨。为了使墙骨稳固,挖开的基槽需要重新回填泥土,使木头或竹子稳稳当当地"栽"在地上。这栋房子的建筑师也许就是居住者本人,他直起腰,拍拍手上的泥土,问站在一旁观看的主妇和孩子们说:"直不直?"主妇和孩子们说直。于是一家人找来软柔的篾条或木条,开始在竖起的木头或竹子上编织。他们精工细作,就像几只蜘蛛在织网。

接下来就该给织好的墙骨抹泥了,建筑师首先找来了比较有黏性的土,然后加入一定数量的草、藤之类的纤维物,使泥巴更有黏性,不易开裂。他们把调好的泥一层一层往墙骨上抹,抹得又光又平,看起来亮堂堂的。等这一道工序做下来,天也黑了,天空中现出密密麻麻的星星。一家人毫无倦意,望着一栋房子从无到有慢慢竖起来,他们心中都很高兴,然后他们从四周找来柴草,堆在湿滑的墙体下面。这时候,主妇从她的衣服里摸出两块白色的石头,对着一碰,一点火星溅出来;再一碰,几点火星被溅出来……不一会儿就把地上的柴草给点燃了。湿滑的墙体在火光和浓烟中慢慢变干。经过烘烤的墙体没有变黑,相反倒变成了"红烧土"——也就是我们今天所看到的样子,既结实耐用又美观大方。

这一切之所以被我们叙述得如此清楚,是因为考古发现本身就是这样的,比如都江堰芒城遗址发现的5号房屋墙体倒塌部分保存就很完好,均为红烧土;此外,在宝墩遗址、郫县古城遗址均发现有大量的用于房屋建筑的红烧土,土中的竹(木)印痕尚清晰可见。那么,古蜀人的房子也像我们现在这样分成一套二、一套三或者再带个灶房、厕所什么的吗?我要说是的,只不过没有我们的住房结构繁复罢了。遗址中所见房屋绝大多数为方形或长方形单间，面积一般在 10～50 平方米，但也有套间房屋被发现，比如郫县古城遗址发现的 6 号房屋，就有门道和灶坑，门道处还铺了一溜小卵石。灶坑是一个方形的浅坑，里面垒着许许多多大小不等的卵石。卵石之外没有灶台，因为卵石本身就可以支撑炊器底部，所以，成都平原出土的古蜀时期炊器都是头重脚轻，不带三足。被河流冲积到平原上的卵石俯拾即是，古蜀人用不着再在炊器底部画蛇添足地制作一个结实平稳的器底。而与之相反的是，带足的炊器在同一时期其他文化区域倒是很常见。

此外，芒城遗址还发现一套编号为 5 的双间套房，双间套房总面积为 50.73 平方米，均为长方形，一间朝北、一间朝南，中间有一扇门道相通。北间房屋的东北角有一块高出周围地面 0.15 米的垫土，土质呈黄褐色，质地坚硬，上面还留有火烧的痕迹，估计是简易的灶台，整栋房子的墙基和基内竹骨都保持得相当完好。

与居住房屋配套的其他类型房屋在遗址中也有发现，比如郫县古城西北部就发现一处干栏式建筑基础，其础石呈网状布局，估计是堆放物品的贮藏室。

古蜀时期民居建筑的总体面貌就是我们上面所看到的那个样子，至于这些房屋的屋顶是什么样子的，因无考古发现（朽蚀不存），所以难以描述，但根据成都十二桥商周建筑遗址有草顶房屋出土推测，可能也是用竹木和草搭建的。古蜀人生活在这样朴素简陋的房屋中，虽然享受不到现代住房的诸多便利，但肯定也是冬暖夏凉。如果再布置上几件简陋的家具，如一张床、几条板凳，家具上面再摆那么一两件古朴的陶器，也算是个不错的家了。

十二桥商周建筑遗址

成都平原古蜀文化时期的大型聚落有散布于平原上的史前城址群，有震惊中外的三星堆遗址和金沙遗址，然而这条文化发展的脉络到了金沙遗址后，又延伸去向了何方？在秦国灭蜀以前的这一段时间，成都平原的古蜀人还有哪些遗迹值得我们瞻仰？1985年12月，成都干道指挥部在十二桥路修建自来水公司煤气公司的综合办公楼时，发现了商周时期的大型遗址，这一发现当即引起本地考古学家们的注意。该遗址位于成都十二桥西路，东临西郊河，北靠十二桥路，南倚文化公园，西邻四川省干休所，总面积约3万平方米。但由于该遗址地处成都市区，林立的房屋和各种现代化建筑设施密集，因此后来实际揭露的遗址面积只有1800平方米。

从目前揭露的情况看，这是一处十分重要的商周时期古蜀建筑遗址，它包括连绵不绝的居住区和大型的木结构宫殿式建筑两部分。由于该遗址是被一次汹涌的洪水淹没掉的，因此它的原貌在泥沙下保存得非常完好，甚至民居的草顶也被完整地保存下来。这里的小型房屋均为干栏式建筑，分上下两层，建筑材料有圆木、方木、木板及圆竹、竹篾、茅草等。圆木多未加工，有的连树皮都还在上面。而用于宫殿建筑的木材已经加工成规则的方木，两端还保存着榫卯的痕迹。可以想见，这些方木被当时建筑师和木工们用斧锯加工，打上孔，紧密连接起来，修筑成了一种大型的木结构宫殿。

现代成都城的西区是古蜀文化遗迹发现较多的地方，包括2001年发现的金沙遗址也在该区域内。这是否说明当时这里已形成大型的聚落和城市雏形了呢？是的。从金沙遗址和十二桥遗址的年代推测，两者很可能是时间相差不远的同一时期古蜀文化遗存（两地均出土有用于占卜的龟甲），只不过十二桥用于居住，而金沙遗址用于宗教祭祀、作坊或屠宰、饲养场所等。这似乎是一个分工明晰的阶级社会的遗存，古蜀人似乎已懂得城市的设计和规划。

因此，三星堆文明从广汉进入成都平原腹心地带以后，它的发展状态是良好的，非但没有中断和退化，反而像一棵被移植到土壤肥沃地区的树一样，长得更加根深叶茂、枝干发达。

聚落中的回廊和民居

十二桥遗址的建筑手段与宝墩古城时期和三星堆时期的建筑手段相比，已经有了明显的进步，这说明古蜀人在建筑技巧的继承和发展上，有一个从未中断的循序渐进过程。无论从建筑的结构，还是从建筑的规划，都有了很大的飞跃。十二桥遗址发现最多的干栏式建筑，是一种格调优雅，居住起来既防潮防湿又干净舒适的古代民居。它的建筑方法为：先在潮湿的地里打入密集的木桩，这些木桩都很粗壮，而且被打埋得很深、很稳固，因为它本身不是房屋的居住面，在它上面才真正开始起筑房屋，所以它算得上是整栋房屋的基础。如果我们看过少林功夫中的站桩，或者看过两个武林高手在密集的树桩上腾挪打斗，你就知道这些打埋好的密集木桩是什么样子。如果还想象不出，那么我可以更直接地告诉你，十二桥建筑遗址最下面的木桩就像一排被拦腰截断的整齐的树干。

木桩被埋植好以后，人们便在这些木桩上铺设圆木和木板，作为这栋房屋的地板或居住面。你看，古蜀人房屋装修完全使用的是实木地板哩；待这一切就绪以后，古蜀人开始使用宝墩时期和三星堆时期的建房方法：竖起木柱作为墙架，墙架间用竹篾编扎，然后涂上一层泥，再在屋顶盖上厚厚的茅草，一栋房子就建成了。这一时期的房屋我们没有发现大量的用于涂墙的红烧土，说明十二桥的古蜀人已经改变了早期的居住习惯，更讲究通风和日照。从保存下来的房屋遗迹可以看出，这一时期的竹编墙高度多为3米，也就是说它的空间并不像我们想象的那般低矮狭窄，而是相当的敞亮。房顶的样式是我们常见的两面斜坡式，搭建时采用了榫卯加绑扎法，先将作为檩、椽的圆木在屋顶连成方格网，再一层层地铺草，边铺边用竹篾分层绑扎，以利防风防雨，使之坚固耐久。

这些小型房屋所用的圆木直径多为6～11厘米，不算粗大，这使得整栋房屋显得十分轻巧，不是那种粗笨的造型。它的高度达3米（不包括居住面离地的高度），因而所需技术要求相当的高超和完美。这样的房屋用于遮风挡雨和居住，看来是足够了，居住在里面也一定会相当舒适，但在遇到大的自然灾害时就难逃厄运了，比如有的房屋在那次洪水中就是整栋整栋倾倒的。造成如此结果，当然跟房子的建筑格局分为上下两层有关，但除了钢筋水泥类的建筑，又有几种木结构房子能抵挡这猛兽般凶恶的洪水呢？

考古学家们还发现，修筑这些房屋所用的圆木，有些是没有去皮的，完整的树皮像一层衣服一样包裹在这些干枯的树干上，从此迹象分析，可能当时整个聚落对圆木的需求量较大，故来不及去皮；另一种可能则是树皮有保护树干不受日晒雨淋侵害的作用，保存树干上的树皮从而能有效地延长圆木的使用寿命。

十二桥商周建筑遗址的另一类建筑是宫殿式的大型木结构建筑，如在工区25号探方发现的大型木构件，为5根砍凿整齐、修整光滑的方木。将这些方木两端的卯孔进行对接复原，总长度在12米左右，这极有可能是当时的一圈建筑地梁。如果按照这圈地梁的规模进行拓展，那么，我们会发现一座规模宏大的廊庑式宫殿建筑，虽然它的工艺水平也许比后世的木结构建筑差得多，没有雕梁画栋的房檐和迂回曲折的长廊，但起码也应有彼此相通的"庑"和"廊"，构成一处舒适美观的贵族居所。

我们不清楚十二桥遗址当时的环境，推测应是潮湿低洼的，但在大量的民居和宫殿建筑下面有没有积水呢？如果有，是否形成过大片的水域？假如这片水域还很宽阔，那么十二桥古蜀人就成了"水上人家"了。夏日的傍晚，熏风从水面上吹来，贵族们摇着芭蕉扇，穿着丝质的衣服，在回廊上乘凉；而贫民区的妇女们则蹲在自己房屋的旁边，举着棒槌似的木棍锤打和浣洗家人的衣服，孩子们像蝴蝶似的围着这些长廊游玩嬉戏；只有那忧伤的王妃独自倚着竹制的门帘触景伤怀，她看见水中金色的鲤鱼和青色的鲢鱼在快乐地游来游去，享受着河水和水草带给它们的乐趣。而她自己呢？像只笼中雀一样被关在森严的宫殿里，虽然荣华富贵享受不尽，但她的心却既凄凉又失落。

龟壳上的占卜图纹

　　成都平原的古蜀人在十二桥文化阶段有着和中原商周文化相同的占卜习俗，他们习惯并爱好烧灼龟甲，并以此观察兆纹预测吉凶。大凡祭祀、征伐、田猎、使命、往来、年岁、婚娶、疾病、梦幻、寿命等大大小小的事情，在古蜀人眼中都要经过占卜。目前成都地区发现了卜甲的商周遗址，包括以十二桥文化命名的十二桥、方池街、指挥街、岷山饭店、抚琴小区、将军衙门军区三招待所、新一村等处，此外还包括金沙遗址，而且各遗址发现的卜甲数量众多，龟的种类包括陆龟、黄缘闭壳龟、乌龟等，已形成独具特色的古蜀龟壳式占卜文化。

　　古蜀人用于占卜的龟甲均为龟腹甲，也就是龟肚子上的那块甲，而不是背上的那块。究其原因，龟腹甲要比龟背甲的坚韧度差，修整起来或者钻孔烧灼起来都更加容易。整体说来，古蜀时期的卜甲无论在修整钻孔还是烧灼等方面都要比中原显得粗糙，主要表现为使用材料随意、钻孔和烧灼没有严格按照程序精心操作，因而显得大大咧咧、粗糙原始，但两者用于占卜的意义却完全一样。

　　从大量遗留的龟腹甲可以看出，古蜀人在锯取和制作这些龟甲时显得毛手毛脚，比如有些卜甲上还残留着凸出的"甲桥"，许多腹甲宽而薄的边缘未能修整，即使是修整过的，也往往显得参差不齐。我们知道，古人占卜是在龟甲贴肉的一面钻孔烧灼，然后通过另一面出现的裂纹（兆纹）判断吉凶。有时遇到复杂的事情或者为了使占卜更准确灵验，往往在龟甲上钻许多孔，进行大面积多次烧灼，以使裂纹更加丰富。所有这些繁复的工序，包括整治和钻孔，都是为了使龟甲变薄，从而易于灼兆和控制兆纹的走向。

仔细观察十二桥文化遗址出土的卜甲，大约经历过四个不同时期。第一个时期，流行挖凿圆形孔，由于采取的技术手段相对落后，所以挖凿出来的孔，口径普遍偏大，一般都超过1厘米，而且孔的分布也较密集，有的甚至像打了补丁的衣服一样相互重叠。第二个时期，也就是西周前段，虽然挖凿的孔还时常可见，但已经出现了钻孔，由于是采取利器旋转方式打孔，因而孔径变小了，而且孔的四周也显得十分规整。这一时期还出现了更为美观的"猫眼孔"和面积更大的长方形凿孔。第三个时期为西周后期，卜甲数量明显减少，打孔方式均为钻孔。到了第四个时期也即春秋前期，古蜀人好像忽然对占卜失去了兴趣，这时候的卜甲有相当一部分已经懒得打孔，而是粗蛮地直接用火烧灼，硬使其背面裂出兆痕来。此外，这四个时期出土的古蜀卜甲，其裂纹面——也就是龟肚子接触地面的那一面都未加修整，保留着原始的"鳞片"和方格状的纹路。

那么，蜀人在取材钻孔以后又是如何进行烧灼的呢？从发掘出土的多数卜甲看，孔内有灼痕，有的灼痕已经越出孔围，而且还有相当数量的卜甲在烧灼面的反面露出了焦黄的灼印，可见当时用于烧灼的东西温度很高，简直可以用"力透纸背"来形容。据此分析，古人烧灼卜甲可能是使用木炭、燃着的木枝或烧红的金属工具来进行，而后两种方法被使用的可能性更大一些，因为使用烧得红红的木条或筷子状金属物，轻轻往事先打好的孔里一按，只听"吱"的一响，冒一股白烟，背面的裂纹就出现了。

但可惜的是古蜀人占卜技术普遍不过硬，往往烧出的兆纹走向都不规则，很多卜甲上出现了三道以上的坼纹，出现了如同汉字"人""丈""大""八"等图纹分叉，而中原地区出土的卜甲兆纹走向显然已得到很好的控制，这说明他们的占卜技术要比古蜀人更高明，一般只出现直坼和歧坼两道裂纹，被灼出的图形一般显现如同汉字的"正""反""卜"等，而且同一块卜甲只要钻孔是左右对称的，那么出现的兆纹也会左右对称。

商周时期的成都平原有着发达的占卜文化，这跟成都平原大量产龟大有关系，因为所有文化的发生发展都是跟它的物质基础分不开的。四川地区最早的一批龟发现于自贡中侏罗纪地层里，龟龄已有一亿二千万年左右。可惜它们早就死了，变成了冷冰冰的坚硬化石。三四千年以前，在江河密布、湖沼众多的成都平原上，各种各样的龟在张牙舞爪地爬来爬去、游来游去捕食，它们在河滩上留下脚印并产下卵，也在水里划桨似的伸展它们的脚，它们的颈部像蛇，眼睛也像所有的冷血动物一样闪着冷冰冰的光，它们行动迟缓，像背负着命运的大山。在这样一种环境里，古蜀人对龟类崇拜的习俗被慢慢培养起来，虽然龟类看似笨拙，但却有相当长的寿命，"百年鹤、千年龟"的说法虽有所夸大，但龟活个100岁没问题。十二桥古蜀文化遗址所出卜甲中最大的一块经复原拼合，直径超过30厘米，算得上是一只庞然大龟，而金沙遗址出土的卜甲直径有50厘米，应算是龟中之王了。

也许当时十二桥遗址的蜀王宫殿里就养着许多龟，各种各样，有的在池子里游，有的在岸上的假山上爬，这些龟都很名贵，大多是下面的部族首领进贡的。据《甲骨文简论》一书统计，武丁时期中原商王就共收到各地的龟甲贡品1.2万板。蜀王虽没商王的面子大，但他本人生活在龟的故乡，收点龟甲贡品还不容易？

我们甚至可以说龟和成都的关系异常紧密，甚至到了"相依为命"的地步。传说秦惠王二十七年（前311），秦惠王命令驻守在成都的张仪修筑成都城，想把成都建成一座有咸阳特色的超级都市。张仪便招来全城的工匠开始筑城，当时筑城现场人山人海，相当热闹。可是筑一次，塌一次，怎么筑也筑不起来，那些平时坚硬的砖石泥土这时都软得像豆腐。张仪很纳闷，一个人站在城边皱眉头，刚好在这时候，发现有只大龟抬起头来看了他一眼，然后就周旋行走，到了东子城的东南角，忽然翻出白白的腹甲死了。张仪很伤感，便找到巫师问，这是一种什么征兆啊？巫师说，这下好了，你就沿着龟迹筑城，城就不会"颓"了。张仪依计而行，果然成都城就建起来了，没有再像从前那样发生垮塌事故。因为有了这段经历，所以成都城最初又名"龟城"。

无法逃避的洪水

十二桥古蜀文化遗址是被一次洪水所带来的泥沙湮没的，洪水是成都平原的老问题，所以蜀这个地方才会出现那么多的治水英雄，从早期的鱼凫到秦时的李冰——这种说法也许还不准确，事实上在都江堰水利工程修筑以前，历代的蜀王和政治家们都必须和洪水搏斗，因为洪水就潜伏在平原周边的山地中，说不定什么时候就会如脱缰的野马横扫整个平原。

从考古材料看，已知被洪水淹没的古蜀文化遗址，最典型的要数三星堆和十二桥。当洪水以排山倒海之势袭来时，任何远古文明都会在它面前战栗。那种动荡而剧烈的灾难无疑要比火灾和地震大得多，尽管水是一种软性的柔媚的东西。仔细观察十二桥倒塌的木结构房屋，我们可以推测当时的洪水不是慢慢淹过来的，也不是从不同的方向或者分成几小股冲过来的，而是哗地一下就把一栋房子给掀倒了，用"巨浪滔天"来形容应当是最合适的。在洪水到来以前，这里曾经是人烟辐辏、房屋密集的温馨聚落，古蜀人在这些带回廊的、铺设有木地板的建筑中尽情享受着原始粗犷的生活。然而洪水来了，人们也许预料到这次洪水迟早要来，要不他们怎么会在房子下面打埋木桩，以抬高房屋的居住面呢？蜀王焦急地在宫中徘徊，探子不断送来消息，说洪水已经到了某某区域某某城，蜀王的脑子里就一下子浮现出一排排巨浪，巨浪里漂浮着他的黎民百姓。有办法阻止这场洪水吗？没有，唯一的办法只有弃家逃离。蜀王在传说中尽管是三头六臂，神力无边，但在真正的洪水面前却显得软弱无力。随着洪水拍击土地和建筑的声响的临近，一大片面积宏伟的古蜀人居住区就要被无情地淹没了。那些本该与房子合为一体的方木雕梁、房檐地板顷刻间坍塌了，它们被湮没在浑浊的洪水里发出痛苦的呻吟。蜀王临时制作的木船像诺亚方舟一样在洪水中漂了起来，无助地在水面上打着转。这时候蜀王的眼睛是湿润的，声音是嘶哑的，感情是复杂的，他看见那些来不及逃走的百姓在水中挣扎沉浮，心里一定比刀扎还难受。

古蜀时期的洪水到底有多大？据《蜀王本纪》记载，古蜀时期最大的一次洪水发生在杜宇统治时期。"时玉山出水，如尧之洪水。"这次洪水简直跟人类洪荒时代的洪水一样，一旦淹过来了，就再也找不到陆地，可见当时的洪患是多么严重。唐代诗人岑参写过一首名《石犀》的诗，记录他耳闻的古蜀洪灾，诗曰："江水初荡潏，蜀人几为鱼。"你看这个岑参真是黑色幽默的鼻祖，明明江水都泛滥起来了，他还有心思开玩笑，说蜀人差点变成了鱼！真是鱼倒也罢了，鱼毕竟还可以摆动它柔软的尾巴和灵巧的鳍游泳啊，但是人不行，人在洪水中只能像被打昏的鱼一样东碰西荡，最后一命归天。

滔天的洪水席卷了十二桥的壮丽建筑，然后又像失去兴趣般慢慢退去。逃走的古蜀人回到他们过去的居所，只见满目泥沙，一片荒凉，哪里还有当年家的影子？他们呆呆地伫立在远处看了半天，最后叹息一声，转身走了。洪水带来的草子树根在遗址上生根发芽，后来，有好几个部族的人从这里经过，他们只知道这是一片被洪水淹没过的野地，他们不知道底下还埋藏着大量的建筑。也许有人提议，我们干脆在这片开阔的野地上建一个聚落吧。但首领说：这块地连兔子都不来拉屎的，你看它多蛮荒多背风水，我敢肯定从来就没人在这生活过。多少年过去了，没人再知道这里曾是古蜀王国的一个庞大聚落。直到1985年的冬天，我们才偶然发现这应该是被埋葬掉的三千多年前的古蜀聚落。

古蜀国国家祭坛：西周羊子山土台

被遗忘的"金字塔"

成都北门外，有一座古石桥名叫驷马桥，过桥往北再走1公里，曾经有一座边长为140米、高10米的正方形土台，那便是著名的西周羊子山土台了。过去老川陕公路从这里经过时，车上的人远远望见一个土丘如庞然大物般隆起在平原上，都会问："这是谁的墓啊？修得这么高大。"的确，在羊子山土台的年代和性质被确认前，连考古学家们也认为它是一座特殊的古代大墓。

土台的西北方向，一条名为"凤凰河"的河流从此迂回向南潺潺流过，再缓缓流经威风山的南麓进入府南河锦江段。1953年底，当地农村在土台旁修建了一座砖瓦厂，打算把这个没用的土台通过烧制砖瓦消化掉，在当时情况下，这算得是废物利用的好主意。西南博物院的考古学家们闻讯后，即刻派人到现场去被动地配合清理，先将土台上面的古墓群清理干净，然后再让砖厂的工人们取土。土台上的坟墓从秦代到现代的都有，估计当地居民认为它隆起那么高，定是块风水宝地，所以从古到今都把坟墓往土台上建。

羊子山地形图考古学家们期待着一座大墓的出现，如果它真是一个大墓的话，墓主人的身份和级别一定非常之高，因为大家凭直觉知道这是一座人工堆筑的土台，说不定会是蜀王墓地或者三国时期著名人物的坟墓。然而等待落了空，两年多时间过去了，土台像被分割的蛋糕，越割越小，仅剩下40来平方米，期待中的大墓最终也没出现。尽管如此，这种违反常规的现象更加引起了考古学家们的注意，于是开始从头仔细清理和分析，结果，发现它是一座商末周初建立的、一直使用到秦代方才废弃的古蜀国国家祭坛！

经过仔细清理和测量，我们发现这座土台最初的形状颇像去掉顶的埃及大金字塔，而且祭坛四面均有台阶可以登临。它的建筑方式卓越高超，修建过程估计为：先在土台中心约31.6平方米的范围内围筑一圈"口"字形的墙，墙基先用工具夯成12厘米深、6米宽的凹槽，槽内再用土坯砖砌墙。每匹土坯砖的长、宽、高分别为65厘米、36厘米和10厘米，砖内还掺有大量藤草之类的纤维植物。以砖砌墙的方法为平置和上下齐缝相叠，每匹砖之间的缝隙采用灰白色细黏土粘连，从发掘时的情景看，砖与砖之间连接得十分紧密稳妥。墙体由底层砌至第10层后，外壁仍然直线向上砌，而内壁底层用砖建成一个锅底形，然后再往"锅"里加土夯实。从残留至今的清晰的夯窝看，夯具应为圆形的木棒或石锤。夯窝十分均匀，平均直径为9厘米，也就是说，夯土的工具应该有成人的小腿肚子那么粗。

待第一个方台砌到一定高度时，建筑师又指挥工人们在它的外围砌第二层土台，使两者形成一个"回"字形，并将"回"字中间的空地加土夯实，使之成为一个整体，然后再在其外围加筑第三层台，也即最外面一层台。如此筑法看起来环环相扣颇为麻烦，修起来也费工费时，但实际却有不少好处。看来整个建筑方案是建筑师事先精心策划过的，说不定还画了详细的图纸呢。如此修筑的好处之一，是可以很好地控制每一层之间逐渐递增的高度，使台阶四面整齐划一。你想啊，这么重要的一座国家祭坛，一定是请来了全国最好的建筑专家，万一台阶四面修得高的高、低的低，宽的宽、窄的窄，既不对称又不流畅，那还不被蜀王拉出去砍头啊？所以建筑师们绞尽脑汁，最后觉得只有这一种方法才最稳妥，墙基的每匹砖实际上相当于一把尺子，每砌一匹砖，就如同测量一次，这样一尺一尺地往上砌，当然不会出错了。

国家祭坛建好以后，蜀王也许还兴致勃勃地前来验收，耸立在他面前的是一座高达12米的雄伟之坛，他一级一级地往上走，觉得毫不费力，因为台阶的坡度是13度，比较平缓。当登上祭坛顶时，他有一种豪迈的感觉，这时候蜀王觉得自己头顶苍天、脚踩大地，他为自己的设想和建筑师们的手艺感到满意。

  关于羊子山古蜀国国家祭坛的建筑和使用年代，目前考古学家们还有争论，因为涉及始建年代和废弃年代。废弃年代的争论相对要小一些，因为祭坛顶上出土的172号墓为秦代墓，而且到了秦代，古蜀人的大型祭天祭祖仪式已不盛行，秦灭巴蜀以后中原文明之风呼呼地吹了进来，人们的信仰和习俗也随之产生相应的变化，因而这座祭坛的废弃年代应在秦灭巴蜀之前是没有多大问题的。至于始建年代，则有商末周初说、商代说、春秋说、西周说等等。我们觉得商末周初说比较合理，首先因为台基上遗存的陶片有高柄豆、小平底罐、盖纽和绳纹的盆等，而陶片又是最具有时代特征的东西（它往往保留着时代识别的密码），这样的陶片在十二桥文化一期里最为常见。其次，十二桥文化时期的古蜀人已在成都城市西部形成大型的聚落，从金沙遗址、十二桥遗址看，也明显具有王国特征。因此在没有山的成都平原上，古蜀人跑到城市北边去修一个国家祭坛，也是合情合理。如果再从建筑技巧上推论，十二桥遗址的大型廊庑式木结构宫殿建筑与羊子山国家祭坛的三道式砖坯建筑，有十分相似的地方。尽管一个是土建，一个是木建，但明显的技术革新已使两座遗址有了可以互通的血脉。

  著名考古学家孙华在《羊子山土台考》一文中指出，羊子山土台的建立"当与在成都建都的开明氏紧密相关"，这就为我们指明了羊子山国家祭坛的主人。开明氏是继杜宇之后的一代蜀国英主。根据考古材料和文献证实，开明氏王朝的后期已把成都作为其首都所在地，而且常常采用"五丁力士"的劳役组织大兴土木。

  开明氏筑坛而祭，其实也并非是他的个人发明，因为中国的古代帝王们从新石器时代晚期开始，就普遍地采用筑坛的方式来进行大型祭祀活动了。目前已发现的中国早期祭坛（不包括北京的天坛、先农坛等）主要有良渚文化中的瑶山祭坛、余杭县瓶窑镇汇观山祭坛、上海青浦县福泉山祭坛等。其中1987年发现的瑶山祭坛和1983～1984年发掘的上海青浦县福泉山祭坛，都与古蜀国羊子山祭坛的建坛方式基本一致，都是坛面呈阶梯状，自上而下分成三个大的台阶，瑶山祭坛更明显是由三重遗址构成，最中央的是一个略呈方形的红土台，土台四周是一条"回"字形的灰土沟。在所有这些祭坛中，古蜀王开明氏的国家祭坛是规模最大的，底座面积超过19000平方米，而瑶山祭坛仅为16000平方米。

先民们的仪式

古蜀人在修筑羊子山土台祭坛时，是否举行过隆重热烈的奠基仪式？从考古发掘材料看，应该是举行过的，而且目前还有一些神秘的遗迹尚未揭开谜底。

首先，在修筑这个浩大的工程之前，人们举行了隆重的奠基仪式。考古材料证实，在祭坛与地面之间的层位（也即修筑祭坛之前的原始地表）上发现有石璧、兽骨、盆、罐、豆类陶片和焚烧树枝的痕迹。最初人们认为台基上的灰烬应当是古蜀人在建坛前，焚烧了这片土地上的树林留下的，可是后来发现，灰烬都是些小树枝被烧后遗留的痕迹，而且有目的地分成三处，里面还混杂着陶片，可见这不是焚烧树林所留灰烬，而是奠基仪式上的某种行为所致，说不定那块残断的石璧就是当时仪式上折断并丢弃的。

更令人不可思议的是，地面台基上发现有几条醒目的白色石条，摆放成方框状，中间还有两条白石成对角线交叉，构成一个"困"形，这显然是奠基仪式上埋下的某种神秘符号。它有什么意义？它是巫师们所依赖的符咒图像吗？它的作用是为了使这座祭坛能够顺利建成并千年不倒吗？这一切都成了千古之谜，因为这段历史离我们已经太久远了，凭借我们现有的智慧，还无法复原三四千年以前古蜀人的想法。

根据以上古蜀人所留蛛丝马迹，我们大致能够推想，建坛前古人们曾经在此举行过祭地仪式，因为要使这座祭坛拔地而起并最终建成，那么祭祀土地是免不了的，从残留的石壁、陶器和灰烬看，其仪式大体是先摆上各类祭器，陶器中斟满酒液，主持仪式的巫师或法师禀告作法，然后再进行焚烧祈祷。

当古蜀国国家祭坛建成并投入使用以后，它的主要功能是祭祀什么神祇已不可考，推想大概应是天地山川等神祇，因为如此大的工程和耗费，其目的性是很强的，作为国家祭坛，它起码应该起到保佑社稷安全、维系人心的作用。当时，蜀王头戴礼冠、身披法衣登临祭坛，主持祭祀的官员紧紧地跟随在他身后。晴空万里，红日高照，为了使蜀王的身体免遭日晒，随从们还为他撑着缀满流苏的遮阳伞。祭坛之下，各级官员和黎民百姓黑压压地跪了一地，他们也许都朝着同一个方向，朝着他们祖先最初的发源圣地。祭祀开始时，蜀王高擎青铜酒杯向神灵祈祷，然后将酒泼洒在祭坛之上，如此三巡以至九巡，坛下百官黎民均按序叩首……

若干年后，当初十分雄伟的国家祭坛被废弃了，战争使当初参加祭祀的人群迁往他处，蜀王也躺在了阴森的地下船棺中长眠。祭坛渐渐被成群的野兔和土拨鼠所控制，凄风苦雨一点点改变着它原有的形貌：台阶消失了，顶端也垮塌了，树木和荒草从泥缝中生长出来，一年一年地随着季节的变化落下枯黄的叶子。而土拨鼠们则在这被衰败的树叶覆盖的泥土里打洞觅食，生儿育女。以至到后来，人们已不知道它曾是一座国家祭坛，有人在上面修建坟茔，有人在上面放牧牛羊，砖厂的工人也扛着锄头前来取土了。一座雄伟的国家祭坛就在历史的演进过程中逐渐衰败、消亡，以至于无影无踪了。

商业街蜀王船棺家族墓地

惊世骇俗的蜀王墓地

  古蜀文化时期的蜀王墓葬发现甚少,主要原因是它不像沙漠王国中的古埃及法老们的墓葬,有雄伟的金字塔作标记,还有干燥的气候、珍贵的药物作保护,以及保存完好的文献作参考,从而很容易找到那些墓葬以及被风干了的法老木乃伊。有人推测三星堆祭祀坑可能是某个因意外原因死亡的蜀王大墓,但推测毕竟不是事实,两者的距离总是通过想象来加以弥补和填充的。此外,像郫县望丛祠之类的遗迹也被认为是古蜀望帝、丛帝的陵园,其实它们和成都武侯祠是一样的,人们在此只能看见后世所营造的纪念建筑,而看不见祠堂主人的棺木和他们憩息的长眠之地。

  虽然成都平原的地质环境不适合完整保留几千年前的古蜀王墓葬,但历代蜀王一定是在这块平原上营建过自己的坟墓,而且其规模也一定是相当庞大和豪华的,只是考古学上的偶然性因素使得我们对其发现甚少,仅于1980年在新都发现一座开明九世至十一世之间的某代蜀王之墓。2000年7月29日,四川省委办公厅在成都市中区的商业街修建机关食堂地下室时,意外地发现几具大型船棺。两天后,考古学家赶往现场作进一步清理发掘,结果使人大吃一惊,原来这里竟是古蜀国最后一代王朝开明氏的家族墓地。消息传开,全城沸腾。

  此次发掘一共出土大型的船棺和独木棺17具,它们像穿越时空隧道的潜水艇一样，整齐地排列在一个长约30米、宽约20米的竖穴式墓坑中。当最大的一具船棺展现在人们面前时，连考古学家们也十分惊奇，真是闻所未闻，惊世骇俗。这具船棺长度竟然达到18.8米，直径1.7米，堪称中国的"船棺王"。另有3具虽然比"船棺王"略小，但也可称之为船棺中的超级大棺，剩下的13具为小型葬具，其中还有一部分是专为殉人或放置随葬品而设的小型木棺。所有这些棺木均采用贵重的楠木整木刳凿而成，葬具下还垫有纵横交错的众多枕木……如此高大的楠木被用作蜀王葬具，这一方面说明当时成都平原森林覆盖面积相当大，取材容易；另一方面也表明了这座墓葬的规格。要把一棵直径1.7米、长度超过20米的楠木锯倒，再通过运输抵达墓地，并且由工匠通过斧凿等原始工具将它做成船棺，再从墓坑外安放进墓坑里，这显然不是常人所能为的。如此浩大的工程也显然不是小打小闹，它必是古蜀人集体智慧和力量的一次杰作。

可惜的是，这一珍贵的古蜀王家族墓地在汉代时曾遭到破坏，从发掘现场来看，汉代的人曾经盗掘此墓，强行打开过这座大墓的一角，并且进行过大规模的劫掠。我们不知道汉代人如何发现了这座墓，根据造成破坏的程度推测，应当是人数众多的一个团伙所为，而不是一两个盗墓贼所为。葬具中除3具没有盗洞外，其余都有被盗的痕迹。盗贼们进入墓坑后，采用了锯或砍凿的方法，在船棺盖子上凿开一个洞，然后探进身子去"探囊取物"。现存的盗洞都显得非常规则，可见盗墓贼有盗劫船棺的经验和手段。他们当然无法在拥挤的墓坑内打开船棺的盖子，因为盖子就是一根完整的楠木从中剖开的一半，实在是沉重无比。

考古学家们通过墓坑内多余的空隙和枕木排列的情况推测，如果这座蜀王墓葬不遭到严重的破坏，那么葬具的总数应该超过30具。

为什么身份高贵的古蜀王要用整根的大楠木来做自己的葬具，这么笨拙的葬具是为了给自己的尸体保险吗？其实不是，船棺葬乃是南方的一种葬俗，因为当时人们都习惯如此，所以连贵为国君的蜀王也难免此俗。那么过去中国农村使用的木质棺材是船棺葬吗？我们说是，也不是。说它是，是因为两者的外形无大的差别；说它不是，是因为后来已不使用整根大木头了，要想享受整根大木头的待遇也不可能了，因为许多地方的森林都被破坏了。到目前为止，我国发现船棺的地区有四川、青海、福建、云南、贵州等，四川地区是发现最多的，主要流行时期约为春秋战国至秦代。早期的船棺没有庞大的体积，多半外形单薄，形似独木舟（有可能它本身就是平常使用着的独木舟）；中期船棺两舷加高，两端齐平，上面有盖子；晚期船棺的外形要相对美观一点，呈两头上翘、一头尖的样子。成都商业街大型船棺墓葬，按考古学家的推测，应当建于蜀开明王朝的晚期，即春秋晚期至战国早期那段时间。过去有人认为船棺是巴人的专用葬具，其实这是个错误的说法，因为在四川地区已知的船棺墓葬中，除巴县一处外，其余十多处都在古蜀人生活居住的区域，如早些年发现的新都马家木椁船棺墓和成都百花潭中学10号墓，均出土过豪华而丰富的随葬品。还有一种说法，认为船棺是古代渔民特有的葬俗，其实这种说法也是无稽之谈，因为从所有已发现的船棺里，我们找不到渔民们使用的渔网、渔坠、渔钩或其他与渔民生活相关的东西。中国古代"北人骑马，南人乘船"，南方的水运发达，以船棺盛载尸骨入葬，意为乘一叶小舟抵达彼岸世界，它与北方葬俗文化中的"车马坑"是相对应的。

"中华第一棺"

商业街蜀王墓地出土的最大一具船棺，是目前已知的全中国最大的船棺，其两端平整，底部被修整过。从船棺的制作技术看，要把整根的楠木从中锯开，就得使用较为先进的工具，因为我们看不到刀砍斧削的痕迹，而是像电动的锯子加工出来的一样，推测当时可能已开始使用铁器。棺盖和棺底是由一根整木从中剖开所制成，各占二分之一，这就保证了棺盖有足够的重量，不会轻易被掀开。棺盖上的盗洞不在正中，而是位于棺盖从头至尾的五分之二处，洞口比人的身体大，推测盗墓贼当时可能爬进去过。

在各船棺的周围，考古学家们发现了大量的青膏泥，这种青膏泥和白膏泥都是蜀人喜用的防潮剂，只不过颜色不同罢了。由于使用了具有密不透气作用的青膏泥，所以棺木中未被窃走的各类漆器和棺底竹席均保存完好。

那么谁是这具硕大无朋的船棺的主人？是那个兴盛的开明王朝十二代国王中的哪一位？从船棺内的出土文物看，计有陶器、漆器、竹木器、铜器、青铜巴蜀式兵器等，其中漆器又包括耳杯、几案、器座、梳子、瑟、编钟基座及大量的木构件。尤为引人注目的是，这些大型漆案漆几的出土，为我们提供了墓主人身份的重要线索，再加上出土的大型编钟、编磬漆架，以及敲钟的木槌（可惜青铜编钟在汉代已被盗走），墓主人的身份实际上已经显露，因为铜编钟和漆艺高超的大型几案，均为宫廷用品，所以墓主当为蜀王，这个判断应无大误。

此外，墓坑中发现有专门用于殉人和随葬器物的小型船棺，据此也可推测墓主人当有显赫的政治地位，自己死掉也就罢了，还拉几个活人来陪葬,这不是只有口称"天下之土莫非王土,天下之民莫非王臣"的君主才能做到吗?该墓葬从形制到规模,明显是一个家族的墓葬,墓坑中的船棺摆放最多的超过30具,这意味着什么?一般的臣僚贵族有如此显赫的声威吗?显然没有,只有君主家才有无数的嫔妃、王子、公主、王爷和七大姑八大姨。而且,这个墓葬从开挖到准备棺木直至下葬掩埋等一系列浩大工程,没有极高的政治权势作保障是难以完成的,因为大量的人力物力都需经过精心的组织安排,一般的贵族即便家中豢养有几个家奴,但多半都是肩不能挑、手不能提的角色,只会鹦鹉学舌般传传话,陪主人下两盘棋,几个家奴哪里搬得动一根20来米长的粗大楠木?恐怕累也累死了。

考古学家们还发现,在墓坑之上,原来还有一座精美的、不亚于皇宫建筑的大型木构建筑,这不明明就是王家陵园吗?所以,没有理由否认这是一座罕见的古蜀王家族墓地,最大那具船棺的主人肯定是开明末世。本次发现应当是2000年来我国最重大的考古发现之一,它和三星堆、金沙遗址一起,构成了古蜀文明长河中最为亮丽的风景线,必将世世代代为人所瞻仰。

曾经有过的陵园

在墓坑东南侧的泥土里,考古学家们还惊喜地发现一根粗大的柱础,从它的大小和形状看,应为制作船棺时所剩下的材料,也就是高大楠木的尾端一截(此前,在该柱础前面不远处,已有另一根柱础在建筑施工过程中被挖掉)。随着清理发掘过程的深入,又在墓坑南边发现带榫头的条形方木,它们构成一个长方形框架,东西长约15米,南北宽约7.5米,推测应为当时的木构件基础;同时,又在该基础的东西两侧发现同样宽度的"边厢"。类似的建筑遗迹在墓坑上部东侧一线也有发现,这说明当时墓坑上面和靠前的地方建有大型的木构件房屋,这与古代宗庙及陵寝制度中的前朝后寝相一致。

何谓"前朝后寝"？此为古代帝王事死如生的一种陵寝格局，即前部按生前朝中建筑设计修建，后部为长眠安寝之处——寝陵。当时商业街蜀王墓地一带还是一望无际的开阔地，也许有一些聚落零星地散布着，但都不会拥挤，林立的高楼和四通八达的街道自然更不可能出现。也许有一条较为宽阔的卵石铺成的道路，那是蜀王运输棺木和建筑材料的通道，蜀王的后裔们也定期沿着这条道路去祭祀扫墓，路的两边长满萋萋的芳草，道路中间逐渐被车轮压出了两道深深的辙印。抬头望去，家族墓地前的建筑没有宫廷建筑奢华，颜色也不艳丽，正是如此，则更显得庄重肃穆，以此来表达对死者的哀悼之情。

这些由上好楠木建成的陵寝建筑，已经明显比十二桥遗址的木结构宫廷建筑完美，它的榫卯部分的斗接技术已相当先进，可以严丝合缝地把一根一根的木头按照不同的方式连接起来。战国时期，成都制造漆器的工艺水平已很高，这里的陵寝建筑完全可以请最好的漆工来抛光上色，并描龙画凤。

绝世漆器——成都造

商业街蜀王船棺中出土的最有特色的器物是漆器，种类包括日常生活用品中的梳子、耳杯、几案等，还有瑟、编钟基座和放置物品的器座，这些漆器均为木胎漆器，底子是黑色的，上面加绘鲜亮的红彩，虽然历经数千年，但仍光洁如新、亮可鉴人。每一件漆器都是色彩亮丽、纹饰斑斓的绝世珍品。其纹饰变化多端，内容活泼丰富，包括龙纹、变形鸟纹、卷云纹等。从制作技术和纹饰风格来看，这些漆器应当早于湖北江陵一带所出战国中期及晚期的楚国漆器，而与湖北当阳所出春秋晚期漆器颇为类似。此外，许多漆器上出现的画在方格之内的龙纹，又与中原地区所出春秋晚期至战国早期错嵌红铜的铜器上的龙纹非常接近。这一方面表明，这是蜀文化与中原文化交流的结果，另一方面也表明，这批漆器的制作年代不会晚于战国初期。

我们也许还记得，三星堆遗址曾出土一件雕花漆木器，而且青铜人头像上面的金面罩内侧有一层"极薄的呈枣红色的硬壳"，也为土漆粘接时所留痕迹，由此可见，三星堆时期的古蜀人已熟练掌握了制漆用漆工艺。春秋战国时期的成都漆器曾大量出土于荥经和青川墓地，漆器种类包括漆盒、漆盘、漆壶、漆杯、漆奁、漆梳等日常生活用品，说明当时漆器已不是什么罕见的贵重物品，它实际已深入贵族家庭了。有趣的是，制漆工匠们深知自己制作的产品绝非一般手工艺品，而是可以传播名声并留为纪念的上等工艺品，因此均得意地在漆器上留下"成都造"的烙印文字，以此来扬名。

到了两汉时期，四川境内的成都、郫县和广汉县城北所产漆器已独步天下。1957年贵州清镇第15号汉墓出土的部分漆器，上面自豪地铭刻着产地"广汉郡"！广汉出产的漆器我们从三星堆遗址出土的情况已有所了解。就拿那件雕花漆木器来说，它以木为胎，外施土漆，木胎上还雕有镂孔，器表装饰着雅致的图纹。实际上，漆器的生产制作并非如我们想象的那么简单，它包括了割漆、生漆加工、制胎、上漆等一系列工艺流程。

制漆首先要栽种漆树，然后在漆树身上用刀割出口子，等树内汁液如泉水一样一点一滴慢慢渗出，再汇聚起来进行加工。从中国范围看，春秋战国时期的成都漆器是有名的；而从世界范围看，"中国漆"则一直是这个东方古国的某种象征。这正如瓷器能够代表中国形象一样，实际上漆器也为我们增了不少光，添了不少彩。《周礼·载师》记载当时的一种官名，名曰"漆园吏"，是个很古怪但却形象的名字，其职责可能是管理国家漆园，好比齐天大圣孙悟空奉玉帝之命镇守蟠桃园似的。《史记·老子韩非列传》则说，如果当时一个人拥有一千亩漆树的话，那么他在政治上的地位就相当于一个"千户侯"。尽管考古学家们看到过不少古往今来的漆器，但面对商业街蜀王船棺墓所出漆器，也忍不住感叹：这真是我国战国漆器中仅见的精品！

大兴土木的年代

　　读者会认为，商业街蜀王船棺墓所出船棺内，一定装着或曾经装着古蜀国王族们的尸体，其实错了。在这些船棺中只装着从别处坟墓中拾来的人体骨架，而没有僵硬或腐化的尸体，为什么？因为古蜀人时兴"二次葬"。我们今天所见船棺内的人骨就是蜀王被埋葬若干年后，将骨头捡起来重新安葬在船棺内的。

　　作为一个家族墓地，它仿佛是亲属们在另一个世界的团聚之地。它的方便之处在于，能够把不同时间、不同地区、不同原因死亡的亲属都归拢到一起来，能够有效避免因尸体腐化等原因造成的不便。当这个家族墓地建成时，蜀王把他以前的亲属骨骸都拾捡起来，埋在一起，其作用相当于"合棺"。这是一个葬俗上的极大进步，其意义可以和今日的公墓相媲美，只不过一个是私家的，一个是公众的。它甚至比北京十三陵、成都明十陵墓群更值得珍视，因为它不是肉身下葬，而是采用比较干净和简约的"二次葬"。虽然船棺中仅装有人骨头（骷髅），但古蜀人并不是将这些骨头随意安葬，而是按照一定的方法和程序，把拾捡起来的骨头进行拼接，然后再举行入葬仪式，仪式完毕后再入葬。根据这一点进行推测，当时营造这块墓地时，可能一次性就把坑内所有的船棺都准备好了，只等那些葬在别处的尸体腐化到某种程度，或到了某个黄道吉日，再开墓捡骨，然后陆陆续续地安葬到这里来。

　　如此多的大型船棺是如何从坑的上面安放入坑底的？中央电视台曾经播放过一个考古揭秘节目，介绍中原战国时期的一个王侯墓。墓中的石棺有数吨重，从它斜着栽入坑内的情形推测，当时的人们可能使用了绳索和支架，但在把石棺吊起来准备放入墓坑时，绳子一下断了，于是这具庞大的石棺就斜着栽入墓坑，把坑底砸出一个巨大的洞。

　　商业街船棺的下葬方式可能与此类似。首先，这些船棺不可能是在坑内制作的，因为坑的长、宽分别只有 30 米和 20 米，一根长达 18.8

米的巨大楠木放入坑内以后，开锯，挪动，再将锯开的棺盖揭下来摆在一边，然后又在剩下的楠木上凿出坑穴，做这一切都会显得"鱼大塘子小"；而且坑中不只摆放着这一具船棺，三十几具大小不等的船棺还在排队等着哩。如果那样的话，岂不成了砂罐里炒胡豆，搅也搅不开了吗？所以合理的推测应当是，在不同的地方选好上等楠木，然后锯倒，剔去多余的树枝，通过水运或陆运陆续运到商业街集中，船棺加工厂就设在墓坑上面不远的地方。这里汇集了成百上千的木匠和身强力壮的民工，刨皮的刨皮，锯树的锯树，有的还拿一块皮尺似的东西在那儿东比画西比画。监工坐在一张木凳上大声骂人。这项工作持续的时间很长，也许有半年，也许有八个月，等一具又一具的船棺做好以后，人们在墓坑上面搭起脚手架，架上有小孩子的胳膊那么粗的绳索。民工们先用滚木将船棺移到坑的边沿，然后系上绳子，数百人拔河般拽着绳子用力拉，船棺离开地面被吊了起来，一个长络腮胡子的人站在坑边指挥：一二——放！一二——放！那具庞大的新船棺就这样被放入了坑中。到了坑底，底下也有许多滚木，一些人用棍棒把船棺的位置移好，移出空来，等待下一具船棺被绳子吊下来。

也许还有一种可能，那就是当初墓穴的四壁不是笔直的，而是有一面缓坡。倘若如此，倒可以节省许多人力物力，小的船棺只需十来人抬着走下去，大的船棺则可以用滚木滑下去。但目前该船棺墓葬的考古发掘报告还没有发表，所以不知道当时坑的一面是否有缺口，但从古蜀人所留下的建筑遗址（三星堆遗址、金沙遗址、古城遗址、古城墙和十二桥商周建筑等）来看，他们不会选择前一种笨方法，而会采用第二种方法。

所有的船棺都整齐地排列在坑的底部，仿佛要开一个古蜀国的大型楠木船棺博览会。船棺静静地躺在坑底，张着嘴，等待着那些精美的漆品，曾经在宫中奏出美妙音乐的编钟，一把柳叶形剑以及那些姗姗来迟的高贵的古蜀王的骨头，还有那个运气不好、被选为殉葬品的卑微的奴隶或战俘的到来。

新都战国木椁墓：躺在青铜冷兵器上的末代蜀王

安息在巨大楠木棺椁里

1980年3月，成都近郊新都县马家公社二大队第三生产队在修整晾晒谷物的晒坝时，意外地在东北角发现一座木椁墓的椁枋，它们像一排地下储藏室的木窗格子一样横在人们面前，阻挡了人们向内窥视。这是一处墓葬，还是一排被掩埋了的地下建筑？人们用手抚摸这堵像卷帘门一样横设的木枋时，认出它们都是极为珍贵的楠木，而且时代久远，被切割成方形的木料已经腐蚀发黑。消息传到县文物管理所和四川省博物馆，于是，两家单位的考古学家们即刻对该遗址进行了清理发掘。结果使人大吃一惊：原来这是古蜀晚期开明九世至十一世之间的一座蜀王木椁墓！在成都平原发现真正的古蜀王墓葬，这还是第一次。尽管我们从文献记载和近些年的考古发掘中，已经了解了蜀王们的族属、政绩、长相、建城方式和活动区域，他们的音容笑貌似乎正在变得鲜活起来，但真正接触到蜀王的遗骨和他所长眠的墓坑，这还是头一遭。

考古学家们的兴奋难以形容，那时候，三星堆祭祀坑、十二桥商周建筑遗址、宝墩古城、羊子山国家祭坛、商业街船棺墓葬、金沙遗址等重要的古蜀遗迹尚未发现，人们还无缘目睹蜀王曾经使用过的金杖、在他的指挥下修筑的国家祭坛和城墙，以及他们的家族墓地和太庙中陈列的精美绝伦的各类青铜礼器。发掘工作从当年的3月14日持续到5月3日，经过近两个月的发掘清理，出土了大量商周至战国时期的陶器、青铜器、漆器和其他种类的宫廷用品，这些珍贵文物的出土，震惊了四川考古学界。

这座古蜀晚期的蜀王墓葬属于典型的木椁墓。何谓蜀王"木椁墓"？它是蜀王为了使自己的"九泉生活"更加舒适，或者更接近于他生前的物质生活，从而使用许多珍贵的木头、木板在地下搭建的一个长方形盒子似的墓坑。也可以说，它是当时蜀地的特殊葬俗。这座墓的木椁同商业街船棺的用料一样，全是楠木，其结构宏大，连接精巧，整个椁由34根长木枋和12根短木枋叠砌而成。椁底同样使用了二十几根楠木枕木，如铁轨般把整个墓室抬起来。在木椁的拐角处，楠木与楠木相接的地方没有使用绳钉之类的固定物，而是直接以槽榫相卯接。木椁东西长8.3米，南北宽6.76米。蜀王躺在新鲜楠木所散发的幽香中，四肢僵硬、双眼紧闭地继续做着他的帝王之梦。

在木椁墓葬的内部，古蜀工匠采用分割的方法，又把整个木椁墓隔成格子状的棺室和八个边箱，棺室内存放着蜀王安息的独木棺，而边箱则用来放置各种各样的陪葬器物。建好以后的木椁墓像一个木质集装箱，为了防潮，下面铺设大根的枕木；为了使里面的东西主次分明又加装了分隔的格子；为了使其和墓坑泥土之间不会因接触而受潮，还在木椁和墓壁间留下一条宽0.18~1米的空隙，隙内靠里的空间填充防潮防渗的青膏泥，靠外的空间则填充夹沙黄土。如果再把木椁的盖子盖上，那么这个"集装箱"就可以交给历史老人办托运了。经过长达三千年的旅途，被托运的木椁终于抵达今人面前，只等考古学家把它打开，我们一起来验货，看在托运途中有什么东西丢失了没有。

粗心大意的盗墓贼

事实果真如我们预料的那样，木椁墓的被盗情况非常严重，也许在汉代就被成批的盗墓贼光顾过数次了。我们现在在木椁的八个边箱里几乎找不到什么完整的东西，仅在淤泥中发现一些小件器物和陶、漆器的残片。比如，在头箱与南边箱发现少量铜箭镞、铜弩机和残漆木弓等兵器；北边箱内发现少许兽类残骨和陶釜、陶罐、陶豆等；脚箱内发现被盗以后留下的许多漆器残迹。根据这些残迹分析，当初脚箱内一定是堆满了各种描金绘彩、闪闪发光，精美至极的木篾胎漆器。可是现在，考古学家们只找到了一块黑底白彩绘的漆器残片。在多达八箱的陪葬物中，一定还有一些不计其数的金银珠宝，因为我们在被盗贼洗劫的现场，发现有从整串的珠子上遗落的水晶珠、料珠等，动物残骨也有少量发现。按照通常的经验，读者对墓葬的兴趣一般会比遗址更大，因为墓葬更可能发现大量贵重的人类物质遗存；同时，墓主人的身份以及他在历史上遗留下来的故事，也往往引起我们想看一看他的墓室的好奇心，就像埃及法老的墓葬或者慈禧太后的墓葬都能引起读者一探究竟的欲望。现在这个末代蜀王的墓葬虽然被盗墓贼翻了个底朝天，但我们想象得出，当时的陪葬是异常丰厚的，足以显示蜀王家族特有的奢华靡丽，以及象征他们身份的规格和档次。尽管盗墓贼都是些精明能干、训练有素的人，但他们依然没有发现这座墓还有一个"腰坑"。腰坑位于独木棺的下面，这是盗墓贼做梦也没有想到的（或者想到了，但没有办法盗取）。因此，近两百件以青铜兵器为主的铜器被完整地保留下来。这是一批我们以前没有看见过的、不同于三星堆青铜器的实用器具，包括剑、戈、钺、矛、斧、锯、斤、削、凿、刀、编钟、壳、甑、鼎、勺、豆、盘等，其中的一把手锯，其造型已经同今天的锯子没有什么区别了。

腰坑中出土的铜戈（中号）拓片放置独木棺的棺室处于木椁墓的中心位置，而且比其他八个边箱的面积更大（长4.76米、宽2.88米）。该室四周的木椁内壁残留着红彩，底部的椁板上先涂刷过一层黄色的底料，然后上面再覆盖一层石青的颜料。由此可见，当时的棺室四壁都被涂抹得鲜艳光亮，有一种豪华富丽的气派。蜀王安寝的葬具是一具长4.14米、宽0.98米的由整根楠木挖凿而成的独木棺，棺外涂黑漆，棺内涂红漆，两端上过金粉，的确算是一具难得一见的超豪华棺材。可以想见，盗墓贼轻手轻脚进入这座木椁墓以后，首先争抢着拿走了各个边箱里的随葬品，然后围着这具独木棺打起了坏主意。按照他们过去的经验，最贵重的稀世珍宝往往都随葬在棺体之内，比如穿在死者身上的金缕玉衣呀，含在嘴里的夜明珠呀，以及搁置在身体两侧的金银珠宝、稀世珍玩等。可是这具独木棺的密闭和保护措施做得非常周到，首先棺盖和棺体相扣合时，使用了凸凹槽，也许槽内还使用过黏接剂。从盗墓贼无法直接掀开棺盖来看，当时棺身外面一定还环绕、绑扎了坚韧的护带——类似于铁丝一样的带子，把棺木牢牢绑紧。盗墓贼想尽了办法也打不开这口独木棺，于是一气之下，就采用刀剁斧砍的办法，把这具外形精美、遍涂朱彩的棺木像伐木一样砍成了三段。

这不明摆着是采用杀鸡取卵的办法吗？盗墓贼不惜砍烂棺木，抛出蜀王尸骨，也一定要把棺中的宝物得到，他们的目的既简单又明确，那就是拿到值钱的东西，发一笔横财。当他们憋着劲砍断独木棺，拿到他们想要的珍宝以后，一个小头目眼尖，忽然发现原先安放独木棺的地方还有一个暗箱（腰坑），上面覆盖了一块厚厚的楠木板，木板卯楔得牢牢的，掀不开。墓坑里所有的盗墓贼都围了过来，他们的眼睛在幽暗的墓坑里闪烁着动物般的光亮。一个看样子有多年盗墓经验的人站了出来，使用凿一类的工具在樟底板上打出两个小洞，一个直径 0.12 米，一个 0.08 米，大致可以伸进一只手去。尽管这些盗墓贼一个个都是胆大妄为的亡命之徒，经历过许多惊险而离奇的墓室险情，可现在却没人敢伸手往腰坑里摸，因为下面黑乎乎的，他们不知道下面到底装了些什么。万一伸手进去拨动了机关，整个坑室像塌方一样垮下来，那这十几号人的性命岂不完蛋？

盗墓贼站在墓坑里犹豫了一会，最后通过抓阄方式决定由谁伸手去摸。这个人先趴在地上顺着盗洞往里瞧，只觉得有一股阴森森的冷气扑面而来。但既然已经决定由自己去试探，他也只好壮着胆子伸下手去。突然，他觉得有一股冰凉刺骨的、液体似的东西蜇了他一下，顿时整只手就变得麻木和不听使唤了。随着"啊"的一声尖叫，聚集在墓坑里的盗墓贼都发疯似的往外跑，都以为是蜀王发怒了，要使用最厉害的暗器伤害他们。待他们惊魂未定地跑上墓坑顶部，一圈人围着那个倒霉的盗墓贼的手看。只见他的手果真不能动弹了，而且还湿乎乎的。盗墓贼们既然已经洗劫了整个木椁和蜀王的独木棺，得到了许多闻所未闻的宝贝，所以也就懒得再冒险去挖腰坑了，他们在瑟瑟的秋风里站了一会，然后就携带着盗得的东西，心满意足地走了。

1980年三四月间，四川的考古学家们在清理完被盗墓贼洗劫一空的墓室后，发现了这个腰坑。当他们揭开覆盖在坑上的三块楠木椁板以后，发现这个坑有1.81米长、1.5米宽和0.98米深，整个腰坑就像嵌在地下的用木板做成的长方形柜子，拐角处榫接严密，四周还抹了厚厚的青膏泥，既防潮防湿，又密不透风。当时腰坑中蓄满了一坑清水，据考古学家们后来分析，这一坑水可能是当初下葬时就蓄好的，因为通过化验发现，这一坑水中性偏碱，pH值7.1～7.8，水质纯净，很少有其他的杂质，这对青铜器能起到很好的保养作用。透过清澈见底的远古纯净之水，考古学家们看见各种各样的青铜器在坑底闪烁出幽幽的蓝光，它们像一群安静的鱼一样，已经在这坑水中待了足足有两三千年。特别是当考古学家把水中的青铜兵器取出来时，它们的刀刃和剑身均放射出夺目的寒光，俨如刚刚被铸造出来一样。

谁是大墓的主人

新都战国木椁墓以其宏大的造型（八个边箱、一个棺室、一个腰坑）、珍贵的楠木材料以及大量青铜兵器等的出土，向我们暗示了这座墓葬的规格和档次，考古学家初步判定，它应当是古蜀开明王朝九世至十一世之间的某一代蜀王墓葬。

从出土器物的年代上来看，腰坑中既出土有殷商至西周时期的无胡戈，也出土有四川常见的战国早、中期的中胡戈，因此该墓为战国中期木椁墓是没有疑问的。同时，由于腰坑中还出土了大量鼎、敦、缶、盘、豆、勺等非兵器类青铜器，它们的形制均为战国早期荆楚地区所流行的形制，因此，我们推测此墓的年代不会早于战国。那么，从战国早、中期到秦国灭蜀这中间的150年间，蜀地开明王朝正处于最后四代的时期，处于"夕阳无限好，只是近黄昏"的没落关口（即开明第九代至第十二代）。《华阳国志·蜀志》曾经记载说，古蜀国的最后一代君主开明十二世死得很惨，最终是暴尸荒野，死于非命。他在秦国大规模吞并蜀国的战争中节节败退，他的军队根本无法和秦军相抗衡，因此，秦军从汉中沿金牛道穿越秦岭，势如破竹地杀向成都，开明十二世只做了一点象征性的抵抗，就放弃了建在成都的国都，仓皇出逃，最终被秦军追杀于四川彭山县境内，无奈地死于乱军之中。可怜的开明十二世死的时候，也许身上有一百个箭镞射出的窟窿，再加上秦军乱刀齐下，马蹄踩踏，也许早就身首异地，血肉模糊地躺在那些被屠杀的蜀国士兵中间分辨不出来了。剩下的蜀军残部如惊弓之鸟躲进了盆地周边的山林，既没人敢冒险来为蜀王收尸，更没有人来为开明王举行葬礼。由此看来，新都县出土的豪华型蜀王木椁墓便不可能是开明十二世的墓葬，而只可能是九世至十一世的坟墓。

到了战国晚期，秦国一举灭掉蜀国，但为了安抚蜀人从而更好地加强自己的统治，秦国还分封开明十二世的后裔做过三任蜀地的蜀侯，那么新都蜀王木椁墓有没有可能是这三代蜀侯的墓葬呢？我们说也没有这种可能，因为这三代蜀侯对于亡国之辱一直耿耿于怀，他们怀念自己祖先的业绩、疆土和荣光，妄图用武力恢复蜀王统治的权力，重登那令人羡慕的蜀王之位，而不仅仅是在别人的统辖之下做个一般的诸侯。据《华阳国志·蜀志》记载，第一代蜀侯通国因谋反之罪被杀；第二代蜀侯恽也因闹独立，被秦孝王赐剑自刎，恽在尚方宝剑没有运抵蜀地之前，就急急忙忙拉上自己的老婆一同自尽了；第三代蜀侯绾刚刚上台没多久，也被秦国怀疑有谋反篡位之心，结果也被"诛"了。因此，新都木椁墓为战国时期蜀侯墓葬的可能性也不大。

在开明九世至十一世统治蜀国期间，蜀国的国都已由郫县迁到成都。新都木椁墓显然离成都的距离更近，这是开明九世至十一世就近建坟的结果。换句话说，开明八世以前的蜀王不会把他们的地下寝宫建造在离首都很远的地方，况且他们所处的时代也与新都木椁大墓的时代对不上号。

此次发掘，还在木椁里发现两枚蜀王留下的铜印，铜印上面镌刻的图形符号被考古学家们称作"巴蜀图语"，从"图语"的符号来看，它离真正的文字还有一定距离，处于"图画"和"文字"之间的过渡地带。这两枚铜印上的图语符号还被铸造在墓室腰坑出土的大部分青铜器上，可能是蜀族中某一氏族的族徽。也许开明九世至十一世在未继承王位以前，曾经被分封到某地做侯，这种情况在开明统治蜀国期间尤为常见。他们在某地做侯时，必定有自己的土地、世系甚至族徽，因此在继承王位以后，这种族徽类的铜印符号被保留下来，并且在他们执政的全过程中一直使用。这枚"图语"铜印上还铸有两只铃铛，这种铃铛在古语中被称作"铎"。按照文献记载，当宣布国家政策法令或者大的军事行动时，往往击铎，前者用木铎，后者用金铎。当然能够用铎来治国治军的人物，就必定不是一般贵族，而是手中握有大权的一国之君。

尽管新都蜀王木椁墓出土的青铜兵器的铸造工艺已达到很高的水平，但它也有不尽完美的地方。比如腰坑中出土的编钟、铜垒、三足盘形器和豆形器均残缺不全等。当初考古学家们从一汪清水中取出这些残缺不全的青铜器时，认为是氧化或被水腐蚀的结果，但仔细观察这些残缺处以后才发现，它们原来不是氧化或腐蚀所致，而是由于铸造时铜液严重不足而留下的缺陷。蜀王去世后，蜀国制造青铜器的工匠们被召集起来，他们的任务是临时为蜀王铸造一批随葬品，先是浇铸了鉴、甑、鼎一类的大型铜器，待到浇铸编钟等稍小一些的器皿时，铜液已不够用了。偌大一个蜀国的青铜都到哪儿去了？连蜀王的随葬品也不能浇铸完全？原来，连绵不断的战事和国与国之间的紧张关系，迫使蜀国把大量的青铜用以铸造兵器，因此想要铸造一点数量有限的随葬品，也已经资源不足。当然，蜀国的青铜铸造师们也是毫无办法，只好利用现有的铜液，敷衍了事，浇了那么几件残缺不全的青铜器。

新都战国蜀王木椁墓发现于1980年年初，当时成都平原许多重要的古蜀城址和蜀王遗迹尚深埋土中，有关蜀王和古蜀国历史的情况还非常模糊，因此该墓对于认识古蜀时期的政治、军事、文化等领域的状况都有重要的参考价值。

青铜兵器与战争

战国时期，蜀地政治权力的维系方式与中原相仿，即主要不再通过宗教等思想领域的建设来实现，而是直接通过战争来实现。人们仿佛度过了"蒙昧"的对于礼教的认同阶段，充分认识到军队和兵器对于国家权力维护的重要。因此，各地诸侯纷纷把青铜制造的重点转向兵器，著名的曾侯乙墓出土的大量兵器中，几乎每一件兵器上都铸造着"曾侯乙"的字样。在开明王朝统治蜀国的时期，开明一世（鳖灵）、二世和三世都曾经骑着战马，手持剑钺，带领自己的军队在蜀国四面八方的边境上冲锋陷阵，他们的目的很明确，即通过强大的军队和锐利的武器不断拓展自己的疆土。事实上，开明王朝的开国元勋们也确实做到了这一点，《华阳国志》记载开明时期的疆界版图是"东接于巴，南接于越，北与秦分，西奄峨皤"，比杜宇王朝强大了不知多少倍，俨然是中国西南的一个泱泱大国了，这一切都是通过强弓硬弩和锋利的青铜兵器来完成的。到了秦灭蜀国后，开明氏的后裔还组织过三次大规模的"反秦复蜀"活动，只因剑没有人家的利，戈矛没有人家的长，结果一次次败下阵来。

这一时期的蜀人虽然继续使用鼎、垒等中原式的礼器，但他们已经认识到宗教礼制对于生产力的束缚，因此在兵器盛行的同时，也加快发展生产工具的制作。新都蜀王木椁墓出土的手锯、铜凿、雕刀、铜削等生产工具已经完全具有现代工具的雏形了。比如五件一组的手锯，光滑的铜质锯片长 26 厘米、宽 4 厘米，锯齿锋利整齐，薄薄的锯身镶嵌在一块木板的凹槽内，再通过竹篾把锯身上的孔和木板上的孔穿在一起，绑扎牢固，木板的一端有个把柄，包裹锯身的木板被漆成纯黑色。这样一把约三千年前的锯子，即使今天拿来锯竹木也不显笨拙，完全能够很快锯断竹木之类的东西。再如用来削东西或雕刻东西的铜削和雕刀，刀背厚实，刀刃锋利，连接刀身的木柄均用绳索绑扎（许多绳索尚完好未断），再涂以黑漆，手感极好。

反观三星堆遗址和金沙遗址出土的青铜器，则很明显不具有这种实用性质。它们更多的是代表一种空泛的神权、一种朴实的信仰。它们的价值只体现在虚无缥缈的仪式上，仅仅起到烘托、陪衬、装点的作用。然而它们是人们精神的归依和寄托，尽管没有多少实用价值，但人们还是敬若神明一样地热爱它们。从三星堆遗址的青铜礼器到新都蜀王木椁墓的青铜兵器，这之间的转变，反映出古蜀人价值观念的转变，即由遁世到入世，由保守到开拓，由虚无缥缈的神坛走向简练实用的战争，以积极的态度参与到社会的大变革和大发展之中来。

新都蜀王木椁墓所出青铜兵器主要有戈、剑、钺、矛等五六十件（不包括大量精美实用的刀、削、凿、匕首、斤、斧等生产工具类铜器），这些青铜兵器制作精良，有锋利的刃和带孔的柄，长短结合，大小结合，构成一组古蜀国青铜冷兵器完整序列。该木椁墓的《发掘报告》称："剑：10件，有中原式和巴蜀式两种。中原式剑5件，长短有序，有格，4件柄上有凸出的二环棱，工件无环。鞘用两木板合成，髹黑漆。这类形制的剑为中原和荆楚地区所常见……巴蜀式剑5件，长短有序，扁茎，无格，身铸虎斑纹。这类剑的剑茎，用两片柄形木板夹紧，并插入铜套内，套外再用细绳缠绕，髹黑漆，甚为别致……戈：30件……身上均铸有图形符号，可分4式……Ⅰ、Ⅱ式的时代最早，当在西周时期。Ⅲ式应为Ⅱ式演变而来，故晚于Ⅱ式。Ⅳ式时代最晚，应在战国。"由此可知，古蜀青铜兵器的使用年代大致从西周时期就开始了，随着技术的革新和对外交流的增多，又吸取了中原兵器的特点和优点，从而发展了古蜀国自己的青铜兵器制造业。到了战国时期，古蜀国开明王朝虽然拥有辽阔的疆域，但是来自北方的秦国的威胁依然像紧箍咒一样套在蜀王的头上；东边的巴国虽然表面臣服于蜀，但实际上巴与蜀貌合神离，冲突与摩擦也是常有的事；加之开明王族内部分封出去的王侯暗中与巴国勾结，妄图谋反叛乱。因此，开明王朝从鳖灵打下江山直到开明十二世丢掉江山，一直处于内忧外患的战争阴影和对外扩张的野心之中，尤其是秦国和蜀国对于汉中要塞的争夺，更是一场紧张而持久的拉锯战，双方在此屯积重兵，你争我夺。而同一时期的中原也是硝烟之味甚浓，各路诸侯纷纷扯起大旗圈占土地，壮大军队，网罗人才。在军营与军营之间、帐篷与帐篷之间出没着许多足智多谋的人，他们头戴方巾，身穿布服，转动着自己的三寸不烂之舌，以足够的耐心和坚韧不拔的精神向不同的主子兜售自己的强国计谋，试图实现自己的人生价值，同时也让社会认同自己的价值。那是一个百家争鸣的时代，人们的血液快速地流淌着，心脏剧烈地跳动着。征服与被征服、统治与被统治成为战国时期社会政治生活的主要内容。

因此，战国时期青铜兵器的寒光以一种令人激动的方式闪烁着，它锐利的光芒掩盖了铜鼎那多少有些笨拙的身影。一个新的时代来临了，古蜀国开明王朝也走到了它的尽头，秦国的金戈铁马正在中原辽阔的战场上整装待发。

秦汉时期：画像砖上的成都生活图景

秦人墓群：安息在蜀地的"兵马俑"

秦国士兵的安葬之地

强大的秦国灭掉偏安一隅而不可一世的蜀国以后，延续了一两千年的古蜀文化被中原文化的浪潮所湮没，高贵的古蜀国国王躺在巨大的船棺中化为骷髅，一个时代宣告结束。在成都平原广阔的地域里，秦国的官员和士兵开始推行秦国的政治、军事、经济和文化政策，封闭的蜀地开始鼓荡起浩大的中原文明之风。

这一时期的考古发现呈现出完全有别于古蜀时期的文化风貌，大型的中心聚落和发达的祭祀文化泯灭了，现在人们所能看到的是当时历史变迁留下的痕迹。1992年3月中旬，成都的考古学家在成都东郊桃花盛开的龙泉驿发现一处大型的秦人墓群。上百座墓葬有规律地排列在近万平方米的区域内，井然有序的地下组织让人想起秦始皇陵的兵马俑坑，使人不得不赞叹这的确是一个统一和规范化的时代。

这处大型的秦人墓群密密麻麻分布于成都市龙泉驿区北干道两侧，考古学家对其一一清理时，发现这些墓葬的排列是有规律的。

首先，朝向都是正东西向；其次，整个墓群被分为四个井然有序的内部组织，就像秦始皇陵兵马俑坑被分为"一号坑""二号坑"和"三号坑"一样，代表了不同的军种或军种中的不同组织。尽管我们不能排除这是秦移民墓，但秦代的戍边部队本来就是半军事化的组织，除了戍边任务外，还有拓垦任务，比如秦始皇派往岭南的50万戍边部队，最后几乎都改变了军人的身份,而与当地的土著民族融合了。这批墓葬的形制都是竖穴土坑式,坑壁上敞下收,口大于底,从壁部凹凸不平的潦草迹象分析,这些墓主的地位都不高。但从墓的大小和椁板的规模看,也有下级军官和一般士兵的分别。比如最大的一个坑穴长3米、宽1.8米,而最小的坑则只有2.9米长、1.4米宽。用于安葬的椁板一般长2.7米、宽1米左右,而有的则较大,长宽度均超过许多。更为重要的是,椁板的质量和厚度也存在很大差别,其中地位最低的人只能享用最简单的葬具,这些葬具有的仅用几块椁板象征性地置于椁室两壁和底部,椁板厚薄不均,板与板之间的卯榫拼合也是缝隙较大,修造得十分简陋。按照《礼记》"诸公三重,诸侯再重,大夫一重,士不重"的有关棺椁的使用原则,可以看出这些墓主的确存在一种等级上的明显差异。

木椁不是棺材,它只是木板与木板之间的简单拼合,还没有棺材特制的外观和较先进的加工技术。当初下葬时,这些秦人墓的墓坑被挖好以后,先是在底部铺上两根木头作为椁垫,然后再把木板沿着坑壁拼装起来,拼好以后的木椁就像一个简易的柜子。等将尸体装入椁中之后,再在椁与坑壁之间的空隙处填充大量的膏泥,以防潮防腐。在考古发掘现场,考古学家发现这些膏泥有灰、白、青三种不同的颜色,而且质地异常细腻。黏性极强的膏泥中未见任何杂质,绵软的膏泥就像是被搓揉过一百遍的上等面粉,被严严实实地填充在椁与坑壁之间的空隙里。古蜀人曾经在蜀王族的船棺墓中大量使用膏泥,由于膏泥有密不透气的特点,所以能有效地起到防潮、防腐、防氧化的作用,是古蜀地区最常见的墓葬必需品。

当秦国的士兵躺在用蜀地的膏泥密闭的坑穴中时,如果他们有灵魂的话,一定能真切地感受到蜀文化对他们的侵袭。这些来自异乡为国服役的士兵们,有没有想过自己悲苦的命运以及秦王对他们的不公?从随葬的物品中,考古学家发现两种文化混同的现象,即大量的秦文化遗物中掺杂着许多蜀文化遗物的现象。

秦文化遗物包括铜器、铁器、陶器、印章以及大量的"秦半两"钱币等。铜器中有盘子、带钩等生活用品,这可能是这批秦国士兵在军营中的餐具或其他生活必备品;而铜器中的兵器则大多为锋刃和前锋十分锐利的矛,它是秦兵平时随身携带的作战武器。另外,在铜印中发现一枚刻有"杨悲"二字的印章,这个名叫杨悲的人可能是驻守在成都的一名秦国下级军官,每当要发布军中命令时,他便会从腰间取下这枚铜印,哈上一口气,让他的名字和军令同时传达到士兵中去。"秦半两"是秦国的一种铜币,现在这些锈迹斑斑的铜币都堆积在秦兵尸骨的两侧,多者达 230 枚,少者仅有两三枚,这些货币可能是一名士兵的俸禄和平时积蓄,死后都跟随他们长眠地下。以上生活用具和兵器,应当是一名远古时期的士兵所拥有的全部家产了。秦人墓中大量的铁器相继出土,令考古学家们感到兴奋。这批铁器除了剑、戈等兵器外,更多的是镰刀、斧头、凿子等生产用具,这说明秦国驻军在成都不光要镇守边关,同时还要从事生产劳动,以满足军营中的粮食需求和垦殖需要。

秦人墓中出土的蜀文化遗物包括陶器、铜器、铁器、漆器等。铜器中最典型的器具是兵器中的钺、戈、矛和生活用具中的鍪和釜等;陶器则是大家所常见的圆底罐和尖底盏,上面的纹饰均具有十分鲜明的蜀文化特征。最有意思的是,考古学家在部分墓穴中发现了桃、李等水果核,大概果核和谷物一样都是属于随葬的吉祥物。蜀文化遗物中彩绘漆器的出土是一个亮点,它把士兵们枯燥严肃的生活一下子渲染得活泼有趣了。这批漆器包括盒、盂、杯及动物模型等竹木器,彩绘图案鲜艳繁复,反映了蜀地漆器手工业的进步与发展。我们也许还记得成都商业街蜀王家族船棺墓葬中出土的大型漆器,如几案、编钟架都是比较大型而华美的宫廷用品,而鲜亮的彩绘漆器制品当时已经流传到了秦国军营中。

成都近郊秦人墓的发现具有多方面的意义:首先,它印证了秦国曾在成都大量驻军这样一个事实;其次,为我们了解秦国军队的编制、等级以及日常生活状态提供了实物根据;再次,蜀国被强大的秦国统一之后,中原文化日益深入蜀地,成为时代的主流,但蜀文化仍以其顽强的生命力对秦国士兵施加着影响。

上百座的秦人墓按照同样的方向陈列在成都这座城市附近，木椁上面是细颈的或鼓腹的陶器，木椁内是随葬的铜、铁、漆器和钱币等。秦国士兵的尸骨经过两千多年的埋藏，已经变得腐朽不堪，我们已经很难把这些残留的骨渣跟一个个生龙活虎的士兵联系在一起，然而他们严密的军事化的安葬制度也和兵马俑一样，在地下延续着一个辉煌的旧梦。

成都城里的秦国驻军

在秦人墓被发现以前，我们只知道当时的秦国在成都修筑了一座秦城，用以屯扎秦国的军队，虽然广阔的巴蜀大地已经纳入了秦国的版图，但用军队来维持秦国在蜀地的统治仍然是必不可少的。

组织成都秦城修建工作的是秦国的宰相张仪，他是秦国灭蜀战争中的英雄，曾经率领着秦国的金戈铁马翻越秦岭，沿著名的金牛道南下，一直把蜀国最后一代君王开明十二世追杀到今彭山县境内。好色而荒淫的开明十二世虽然顽强抵抗，但哪里是气贯长虹的秦军的对手，一路被追杀得屁滚尿流，逃到今彭山县境内时已经疲惫不堪，最后被秦国军队剁为肉酱。秦国得到了宽阔而肥沃的成都平原，终于实现了他们梦寐以求的愿望。但当时蜀国的王太子和平民百姓对秦国还抱有成见，亡国的伤痛还在每个人心里时时发作，不安定的社会因素大量存在，因此修筑一座雄伟的城市来镇守蜀地就成了当务之急。

虽然成都在蜀国统治期间已经形成了城市的雏形，比如像金沙遗址这样的大型聚落以及十二桥商周遗址那样大片的宫殿区和居住区，但离真正的城市还有一定距离。因此张仪按照当时咸阳城的格局开始在成都修建真正的城市。开始筑城时，由于张仪对成都的地理环境不熟悉，所以修一次塌一次。据史籍和传说记载，后来还是一只江中的大龟浮现出来，为张仪指引了筑城的方位和路线，张仪最终才将成都城修筑起来。实际情况是，当时的成都平原水系发达，土质疏软，张仪未能充分掌握这些知识，便贸然筑城，这才是张仪筑城"屡颓"的最根本原因，龟的出现只不过为这次史无前例的筑城行动增添了一点神秘色彩而已。公元前310年筑好的成都城,"周回十二里,高七丈",的确算是一座坚固的军事堡垒。

一般来讲,张仪所筑成都城被视作成都建城史的开端,这是史籍的说法,而通过考古材料看,成都城的雏形早在蜀国开明王朝时期就已基本形成,只不过张仪使之"与咸阳同制",正式纳入中国城市建筑的序列而已。秦国的士兵驻进了这座高大巍峨的城市,城墙上猎猎飘扬着秦国军旗,身材高大的秦军士兵面容严肃地站在城门和堞楼上值守,他们手中所持的武器跟兵马俑坑所出兵器一样锋利。这座最初的成都城整日里飘荡着马粪的味道,闪烁着刀光剑影,当地的民众看见这些威武高大的秦国士兵在城外的空地里操练拳脚,都感到心惊胆战。后来,成都平原人民的反秦情绪逐渐低落,秦国才又在秦城(又称龟化城、大城)旁边修筑了两座少城,用来安置当地的商贾和平民。

秦国驻军在成都执行军事任务,开垦荒地,过着半军事化的生活,他们逐渐喜欢上了成都的陶器、漆器等手工制品,喝酒的杯子、洗脚的陶盆都是成都本地所产,他们还学会了一两句成都话,平时也穿着蜀人的衣服到少城里去闲逛、喝酒,还可能对酒店里的某个女子心生爱恋。这样的生活尽管不错,但他们毕竟是在异乡服役,思乡的念头还会在他们心中时时浮现。最不幸的人就是因生病或零星战斗而丧命的人,他们的尸体被运送到成都东郊的一个墓地里,战友们用锄挖好土坑穴,然后装上临时准备的木椁,再把他们的尸体和平时喜爱的东西埋葬进去,战友们向死者默哀时的目光显得孤独无助,就像神情逼真的兵俑所呈现给我们的面部表情一样。

这个墓地成了秦国士兵的一座公墓,一个接一个的异乡人被安葬在这里,没有墓碑,没有纪念的文字,两千多年前一个普通士兵的生命是那样的无足轻重,我们现在只能通过坑穴和木椁的大小以及随葬品的丰俭来判别他们是普通的士兵,还是低级职位的军曹。

曾家包东汉画像砖（石）墓

成都地区汉代的考古发现与秦或古蜀时期完全不同，以前的大型王家墓地、青铜或铁的兵器、精美的祭祀礼仪用品、秦国士兵的墓葬等都随着时代的发展而被湮没了，出土的汉墓文物更多的是呈现出平民（或富人）的日常生活图景，这些图景的内容是如此丰富和鲜活，如此具有生活气息，以至于我们通过考古发现本身就能复活汉代成都的生活景象。

镶嵌着画像砖（石）的典型汉墓

1981年，成都地区的考古学家在市郊土桥镇西侧发现一处高8米、直径约50米的大土包，经过发掘，证实这是建在一起的两座东汉墓葬，两座墓之间相距约4米。当墓顶的封土被一层一层揭开时，考古学家们发现了四个盗洞。盗洞中尚残留着当初盗墓贼从此出入时，打碎和留下的众多陶器铜器残片。清理中发现这两座汉墓的封土是人工夯筑而成，当初建坟时使用过板夯和杵夯的方法，至今墓上的封土仍十分板结坚硬。墓顶的封土被去除以后，考古学家找到了通向墓门的甬道，这两条甬道一条长2.54米，一条长2.7米，甬道的前端砌有土墙照壁，而两侧和地下则为用砖砌成的立壁和利于排水的弧形地砖。由于这两个墓都曾被盗，因而坚实的石门被撬开，有一扇门的下角还被无情地打碎。进入墓中，发现这是两间用石头和砖砌成的拱形墓室，每间墓室又分成前后两个部分。前墓室长6.8米、宽3米、高2.95米，而后墓室则分成两个各长 4.1 米、宽 2.5 米、高 2.45 米的东西双室。墓中的木质葬具和墓主人的尸骨经过一千多年的时间，已腐朽不堪，仅留下少量的骨渣供后人凭吊。虽然墓中随葬品已被盗墓贼洗劫一空，墓室内显得凌乱不堪，但考古学家们还是被墓室和甬道两侧的画像砖（石）牢牢吸引了，因为这些刻在砖（石）上的画像内容是如此丰富鲜活，以至于将汉代成都的社会风情都展现无遗。

第一座汉墓的双扇墓门背面画像内容为：西扇门上部雕刻着一只栩栩如生的朱雀，下部是由一男一女二人组成的图像，妇女面目清秀，穿着一袭宽大而柔软的衣服，头上绾的高髻如乌云一般，细嫩如藕的左手从宽大的衣袖里伸展出来，纤纤玉指擎着一面铜镜，正在顾影自怜。男子的形象则较为朴实，头上缠着包巾，宽大的衣服长及膝部，双手正握紧一支木杵在从事舂米之类的日常劳动。东扇门的背面上方也刻着一只展翅欲飞的朱雀，下部是一个腰部挂着环柄刀、双手执戟的英武的武士形象，尽管这扇门的下部已被盗墓贼打坏，但武士的形象还是较为完整地呈现了出来。

后墓室墙壁也有三组自上而下的画像，工艺十分精美。最上面一组画像为"狩猎图"，画的是一个狩猎者在群山中追逐野鹿的情景，张开的弓箭犹如满月，野鹿飞奔的姿态十分灵敏轻捷，接下来是紧依群山的潺潺河流，河流中的游鱼摇头摆尾，鸟儿们在天空中自由飞翔。这幅狩猎图再现了汉代成都平原的自然环境面貌，潮湿的气候和低洼的地形使得平原上河泽密布，林木繁茂，那些美丽而轻盈的梅花鹿顶着树杈似的鹿角在平原上跳跃奔跑，而各种各样的鱼则在河泽中嬉戏生长，这是从古蜀时期一直延续到汉代的自然景象，都被收录在汉墓中的石壁上。第二组画像为武器架和织布机，巧妙地把战争与和平生活连在了一起。武器架上的叉、戟、矛、弓、弩、箭等都排列得十分整齐，像是校场边上等待人们操练的一堆武器；在武器架旁边还高高立着一根桅杆，桅杆顶端爬着一只顽皮的猴子；而桅杆下有一匹骏马和一辆大篷车，好似在等待着军令准备出发。画像上的织布机共有两台，一台的结构较为复杂，而另一台的结构则较为简单，跟我们现在偶尔能看见的织布机几乎没有两样。整幅画面没有出现人的形象，但浓郁的生活气息已经扑面而至。第三组画像为"酿酒图"，对汉代成都酿酒作坊的生产全过程作了精细的描摹，有女郎从井中提水，有牛车送来谷物，然后是一组制酒工艺的流程图，包括炊煮、酿造和发酵，最后芬芳的酒液都被注入巨大的瓷坛中陈列出来。酿酒作坊的四周还有许多鸡鸭禽兽，它们像是闻到了酒糟的香气前来觅食。看来，汉代成都的生活景象就犹如这幅"酿酒图"，充满了欢乐、自足而真实的日常生活气息。

此外，第一座墓的东后室后壁还刻有一幅"养老图"，描绘老者怎样受到社会和家庭的赡养。这似乎是一个富家院落的黄昏景象，主体建筑是一座廊庑式的双层楼房，楼上的回廊曲折有致，楼房的旁边还有一座象征富裕的粮仓，仓的后面生长着一棵高大笔直的棕树。一个环佩叮当的侍女从楼中出来，她手中所执的物品可能是一块烙饼，也可能是一块蒸馍，她把家中备好的食物送往棕树下，因为树下有一个手扶鸠杖、席地而坐的老者正在那儿乘凉。这个送食的女子的身份可能是家中的侍婢，也可能是这个颐养天年的老者的媳妇。《续汉书·礼仪志》记载汉代的赡养美德用了如下九个字："授之以玉杖，哺之糜籽。"那个时代，耄耋之人是得到社会普遍尊重的。在这个农家院落的前方，是一片生机勃勃的景象，有两个人在踩碓舂米，有一个人在水田里插秧，远处河流和湖泊中的小船静静地行驶着，天下一片太平。

第二座墓的墓门上也有几组石刻画像。西扇门上部画的是一只长了翅膀的卧鹿，神态极其安详。下部描摹的是一对夫妇形象：男人头包帻巾，身穿长服，跪捧书卷正沉醉在阅读的快乐中；而他的妻子则在一旁对镜梳妆，头上是浓密的高髻。东扇门画的是武库图，旁边有两个士卒把守，地上还有一只神情警觉的守库犬在注视着四周的动静，武器架上陈列着十八般兵器，显示出汉代备战备荒的生活现实。第二座墓葬墓门的门额和门枋上也有画像，分别画着昂首展翅的朱雀和口含宝珠的龙虎。

两座汉墓的墓室中均镶嵌有统一烧制的画像砖，画像砖构成的长卷像《清明上河图》一样，为这座地下墓葬营造出活生生的现实生活场景,换句话说,它把汉代社会的时代感逼真地呈现出来了。这批画像砖的内容包括帷车、小车、骑吹、丸剑起舞、宾饮起舞、宴景、六博、庭院、盐场、市井、弋射收获、骈车、馈赂等,从宫廷贵族一直到市井平民的种种生活习俗都如实地展现出来了。

残留的随葬物

虽然这两座汉墓被盗情况严重,但残留下来的随葬物品仍然十分丰富。

瓷器有青瓷罐、青瓷碗和青瓷盏,这批成都当地窑所烧制的瓷器虽然没有宫廷官窑的产品出色,但也有着细腻的胎质和鲜艳发亮的青釉。出土陶器的品种很多,包括陶罐、陶钵、陶盘、陶碗、陶灯台、陶制的神树、陶制说书俑、陶制持镰刀俑、陶牛、陶蟾蜍、陶鸡、陶狗等,营造出生活的原生态。陶制的盘碗不用多说,它是东汉时成都人饭桌上的餐具,既简朴又实用。而一盏陶制油灯台的出土,则把我们带回到东汉时期的某个夜晚,一盏荧荧的油灯照亮了古人的帷幔和厅堂。这盏灯高33厘米,下面的灯座呈喇叭口,灯柱从灯座上笔直地生长出来,灯柱的中间是一个浅口的盘子,用来装盛燃油。如果把灯芯装上,这盏汉代的陶灯或许可以照亮现代人怀古的情愫。陶俑是汉代墓葬出土较多的随葬品,表现了汉代生活的方方面面。

比如这两座汉墓中出土的说书俑,就表现了市井说书艺人的风采,他们当时也跟现今成都说书人一样,喜欢在成都的茶馆里用幽默而滔滔不绝的话语说上一段。这尊说书俑残高24.7厘米,头上的发饰是椎髻,上身袒露,右手抱着一只鼓,神采飞扬,咧开的嘴巴里仿佛正有精彩的故事源源流出,整个面部的表情活泼滑稽,肩膀一高一低,神态夸张。他大概不是说的一般的评书,而是说的大鼓评书,每说一段或说至高潮,就会用他灵活的手指咚咚打鼓营造热闹的气氛。

持镰刀俑无疑是汉代成都农夫的缩影,依然是汉代成都男子的标准发式，即将长长的头发绾起来，归结在头顶弄成椎髻。由于正在收割谷物，所以他不能穿长大而宽松的衣服，而是一身短衣服，显得十分精干。其余陶制品像牛、癞蛤蟆、青蛙、鱼、狗头、水甲虫等，则充分反映了汉代制陶艺人对现实生活细微的观察和深刻的理解。陶牛的形象十分肥壮，水甲虫的形象十分逼真，连癞蛤蟆身上凹凸不平的包块、鼓突的大眼睛和夸张的大嘴都被雕塑出来。这些动物曾活跃在汉代成都平原的田边地头，以至于被汉代的制陶艺人信手拈来模仿做成随葬的物品——也许这些陶器是墓主生前的玩物，死后才被安葬于地下，静静地陪伴主人度过他们的九泉生涯。

此外，出土的陶器中有一件残缺的女俑，头部的缺失使我们无法看到汉代成都女子的容貌和发式，但她身上穿的一袭长衣却给人温暖的感觉：宽大的衣袖挽起来露出温润的手，衣服的扣子开在右边腋下，衣服上褶皱的流动感很强，表明这身衣服是丝质的。整个人物的造型雍容华贵，她大概是汉代成都有钱人家的太太吧。

这两座汉墓还出土有一只"储药罐"，罐高19.8厘米，罐内的残留物经化验有以下九种药物：朱砂、雄精、雌黄、胆矾、花蕊石、磁铁石、银金石、石英卵石、石灰石、卵石。这些都是比较珍贵的古代药物，为何要将这些药物随葬？看来，其目的除了防腐之外，可能还跟墓主人的宗教信仰有关，因为汉代成都地区道教十分盛行，这九种药物是不是墓主人生前炼的长生不死丹药也未可知。

汉井与粮仓：汉代成都人的生活物资

密布在成都城里的汉代古井

多年来，汉代的古井在成都市区范围内有众多发现，在已经发现的古井中占绝大多数。这大概是由于汉代成都的河流尚未经过大规模整治，城市居民的用水大多依赖于井水。汉井在成都市区的分布如下：一是盐道街至南门城墙一带，几乎每200米就有一口汉井；二是羊市街、白丝街、城守东大街、人民东路锦城剧场、市中区人民南路省展览馆前面、东胜街、南校场、包家巷、方池街等区域；三是老西门一环路口至青羊宫一带，这一带20世纪五六十年代即发现七十余口汉井，尤其是西门至三洞桥王建墓一带汉井分布最为集中；四是南校场至包家巷一线也是汉井密集区。1982年冬天，考古学家在西安南路新一村约300平方米的建筑工地，即发现五口汉井。如此众多的汉井遗迹散布于成都这座古老的城市，昭示了井与这座城市的息息相关和紧密联系，汉代的成都人在辘轳上吱吱呀呀汲水的声音仿佛还在耳边回荡。

从目前已经发现的汉井来看，成都市区的汉井深度大多在两米左右。这样的深度对于读者来说是难以理解的，但时光倒流回到汉代，成都平原的地下水系十分发达，丰富的地下水就像甘甜的生命之泉一样浸泡着这座城市。时至民国，成都"挖地三米见水"也是常事。汉代的成都人只要挖一个一两米深的土坑，清澈的地下水就会源源不断地冒出来。井其实是一个人或一个家庭的生命源泉，《释名》解释"井"字说：

"井，清也，泉之清洁者也。"清洁的井水有井壁四周土层的过滤，地下的水源通过缓慢渗透的方式集中起来，因而井水比江河湖塘之水更卫生，更温馨滋润。一个人离开故土，我们会说他背井离乡——离开那口自己用惯了的井，就表示这个人已经上路了。

成都城里的汉井可分为陶井和砖井两种，前者的时代较早，而后者的时代偏晚。简单地说，陶井就是用陶制的圈筒套在井中形成井壁，而砖井则是用砖头垒砌井壁，其目的都是为了防止井壁垮塌，并进而使井水更加清洁，减少泥沙的含量。从已经发现的数量众多的陶井圈来看，它是一种成批生产的陶制品，专门出售给市民打井用。有的陶井圈外观还很讲究，饰有绳纹或方格花纹。在曾家包画像砖石墓中，有一块画像砖曾经详细描绘了汉代成都人汲水的情况：井口上架设了木质的井栏，井栏上有一支转动的辘轳，一个妇女正把系在井绳上的陶罐咕噜咕噜摇上来。清澈见底的井水盛在朴实的陶器中，使我们对汉代成都人的朴实生活产生了许多美好的遐想。那个时期，成都的大街小巷都响着辘轳的声音，有多少平民人家的家庭主妇在井边汲水、洗衣服、洗菜，她们用亲切的乡音在井台边传播着成都的逸闻趣事，她们的衣衫是单薄的，袖子挽起来，手臂像藕一样既结实又白皙。

考古学家在这些干涸的汉井底部，还清理出卵石夹沙泥、绳纹陶片以及素面灰陶罐底残片等。井底的卵石可能是打井的师傅故意扔下去的，目的是使井底少一些稀烂的泥沙，而多一些固体物质。而绳纹陶片则可能是陶井圈破碎以后沉入井底的。至于陶罐的残片，那一定是某人汲水时不慎把陶罐撞在井壁上，陶罐打烂了，其残片像一只摔碎的茶杯落入了井底。

考察这些汉代人遗留下来的古井，有助于我们了解成都城当时的城市布局和人口分布，同时对于复原当时人们的生活状态也有重要的参考价值。虽然这一口一口的汉井已经枯竭了，已经被后世的建筑逐渐遮盖了，遥想当年，汉井之水是那样的丰富，是那样的清澈，是那样的甘甜，它养育了一座城市，同时也培育了一种安闲而舒适的文化。

无处不在的粮仓

从曾家包汉墓的画像石上我们已经目睹过东汉时期大富人家的粮仓形制，这种成都地区用以储存粮食的尖顶房子通常被建在院落的附近，粮仓的底部建在粗壮的木柱之上，以防止粮食受潮，仓房的上部还开有窗户，用来通风。"仓储"是汉代成都地区农业发达的物质见证，当时政府十分重视和提倡粮食储藏，因为那是一个以农业为命脉的时代。

关于粮仓的形制，在汉墓中出土有不少陶制的粮仓模型可资参考，这些小巧玲珑的仿真陶质粮仓制作得十分精美逼真。它们大多以陶质为主，外加少量的木、石、铜质等材料做成窗或底部的支架，有的陶制粮仓四面还上了彩釉，看起来金碧辉煌。把陶制粮仓作为陪葬品放入墓中，反映了中国丧葬制度中最传统的事死如生的思想。墓主们希望他们的九泉生活跟他们在世时一样，能够吃喝玩乐，享尽荣华富贵，所以在曾家包汉墓中我们除了看见画像砖石上的汉代社会生活场景外，还发现了数量众多的陶俑、陶牛、陶蟾蜍、陶制说书俑、陶鱼、陶青蛙、陶兽、陶房子，以及钱币、铜车饰、铜镜、金饰珠等，尽管这是一个地下的虚拟世界，但人们相信人死后能在这样的世界中生活下去。

在汉代的成都城及其周围，汉井及粮仓是人们生活的必需和保障，它们作为汉代人两个最重要的生存条件为现代考古学家所重视。

说唱俑、摇钱树和汉代番茄种

说唱俑：东汉的快乐使者

说唱俑在成都地区的东汉墓葬中屡有发现，这反映了说唱艺术在当时的成都地区十分流行。说唱人是一批活跃于汉代民间的下等艺人，他们的职业就是说书，以博得观众的开心一笑来获得衣食。以陶俑的形式流传下来的、受现代人喜爱的并非是公侯将相王子王孙，而是这些最普通但同时又是激情飞扬的下等伶人。

最著名的一尊说唱俑出土于成都附近的郫县东汉墓中，这是一尊人们一旦看见就想去抚摸的艺术珍品。这尊说唱俑头上的发髻绾成锥状，脸上的表情用"笑口常开"来形容最合适。由于是天底下最舒心的笑，所以他的眼睛都笑弯了，嘴也笑歪了，头也笑偏了，连如簧的巧舌也笑得向上吐卷……这副模样既像是对观众做的鬼脸，又像是真的被自己的说唱逗得乐不可支。再往下，则可以看见他的颈部前倾，双肩后耸，裸露的腰身像一个又长又弯的冬瓜。他的右手握着一根细棍，左手捏着一只小鼓，两只长长的手臂不像腰身那般舒展，而是紧绷而富有激情，准备随时将鼓儿咚咚敲响。最富于艺术表现力的是说唱俑的下半身，因为这时候他的裤子正像松开缆绳的风帆往下掉，为了阻止这种势头，他双腿弯曲，并尽量把屁股往上翘，翘得身体成了一只弯弯的弓。然而即便如此，他那宽大的棉裤仍呈摇摇欲坠之势，这样的紧张与滑稽巧妙地结合在说唱俑的身上，使之成为一件不可多得的开心艺术品。

也许这位东汉说唱艺人当时正站在成都某处的一张桌子前说书，四周围满了各式各样的普通听众，他一边梆梆地敲着小鼓，一边说故事、唱小曲，逗在场的人开心。说到精彩处，只见他眉飞色舞、唾沫横飞，腰也扭起来了，上身的衣服也脱光了，恰在这时，腰间的裤带不知是绷断了还是说唱艺人故意把它松开了，总之肥大的棉裤直往下垮。但是说唱的故事不能因为这个小"事故"而停下呀，于是艺人就耸臀提胯欲阻止裤子下落，他夸张的姿势令人想起非洲土著的肚皮舞。可以想见，这么精彩的表演一定使在场的观众笑得死去活来。

郫县汉墓中的说唱俑如此生动的艺术形象，说明了一千多年前的东汉雕塑家具有多么高超的技艺。

不同类型的说唱俑在成都及其附近的汉墓中还多有发现，如曾家包汉代画像砖石墓中就曾出土一尊造型滑稽的说书俑。1986年绵阳河边乡的东汉墓中也出土有一尊类似的俑，这尊说唱俑高55厘米、宽33厘米，质地为泥质红陶，系手工捏制。他头戴花平巾帻，夸张的笑容使他的额头堆满了皱纹，又长又密的眉毛像要飞起来，双眼笑成了弯弯的豌豆荚的形状，灵活的舌头从咧开的大嘴里吐出来。这个说唱俑没有随身携带短棍和小鼓，他干脆就把手放在裸露而鼓凸的肚子上，把它当成一面"皮鼓"嘭嘭地敲打。他下半身的姿势跟前面那尊说唱俑相仿，也是裤子滑落到腰胯，既滑稽又憨厚。

考古发掘出的说唱俑形象，为我们复原了汉代成都下层社会愉悦而开心的一面。当时的社会显得很是殷实富足：人们一方面加强农耕，储备粮食；另一方面又尽情地享受着生活的乐趣，他们会定时汇聚到茶馆之类三教九流都可光顾的场所，听上一场别开生面的说唱表演。当时的说唱艺人也许跟现代的流行歌星一样大红大紫，成名的说唱艺人都被人们追星似的追捧着，他们在舞台上有固定的装束和造型，就像现代的某些歌星喜欢摇头摆尾地呐喊一样，汉代的说唱艺人喜欢赤裸上身，裤子摇摇欲坠，这样的形象无论在当时还是现在，都称得上"酷毙"了。

摇钱树：汉代人的飞天梦

一提起摇钱树，我们脑子里可能会浮现出一棵金碧辉煌的树的形象。这棵树上挂满铜钱，象征大富大贵、吉祥如意；或者会联想起传说中一棵栽在院子里的真的摇钱树，每当缺钱时，走去将树干猛摇，雪片般的铜钱就会叮叮当当掉下来，满足人们对金钱的欲望。其实汉代成都附近出土的摇钱树，并非如我们想象的那样是带给人们钱财的神秘之树；相反，它是汉墓仙化主题的最直接物证。

汉墓出土的摇钱树以成都为中心的西南地区为最多，如郫县、广汉、新津等地都出土过汉代摇钱树。这些摇钱树的形状普遍都比较高大（超过1米），而且制作相当精美考究，是汉代随葬品中非常贵重的东西。从已有的考古资料分析，汉代摇钱树可分为树座和树干两部分，树座一般为陶制或石制，陶制的树座多为红陶胎，外表施以鲜艳的彩釉。树座的中间凸起部分有圆形插孔，以便插置树干。

摇钱树的树座虽然都起到稳固树干的作用，但其外观造型还是存在较大差别。比如：彭山东汉墓出土的摇钱树座上刻有一尊佛像和两尊菩萨像，广汉出土的摇钱树座浮雕有天禄、辟邪二神兽，绵阳何家山一号东汉墓出土的摇钱树座塑有一人驾鹿飞奔；二号墓的摇钱树座则铸有马、狮、西王母、虎及羊等图案。虽然这些树座的造型各一、纹饰题材不同，但反映的都是汉代非常流行的神话内容。摇钱树的树干均为铜铸，除了主干之外，一般的次枝有八枝或九枝，均匀而挺拔地朝两边伸展。

摇钱树复原示意图树叶除了方孔的铜钱外，更多的则是将西王母为中心的神人、神禽、神兽塑造其上，模拟一种上界的生活。还有的则直接在树叶上铸造佛像。

成都平原出土的最大一棵摇钱树，是广汉万福乡汉墓出土的。树枝向四个方向横列出24枝，树身通高1.52米，底座为红陶绿釉，工艺精湛，制作异常完美。整棵树的树干分为6节，每节均挂有铜质叶片。靠近树梢的一节悬挂着4片中等大小的叶子，其下的5节各挂有4片比较大的树叶，每片大树叶上又插两片小树叶，全树共悬挂了64片熠熠闪光的树叶。大树叶上铸有西王母、舞乐百戏、骑射、马、鹿、鸟及9枚铜钱的图样。中树叶上铸有西王母、青龙、舞伎、杂技和5枚铜钱的图样。小树叶上铸有凤鸟、小飞雀及5枚小铜钱的图样。树梢顶端铸有一只朱雀，其口衔灵芝，展翅欲飞。

虽然成都地区出土的摇钱树没有文字记载以资考证，但通过其造型以及作为随葬品等特殊用途来分析，它是汉墓仙化主题的物化象征。当时的人们希望自己死后能升入极乐世界，能与那些神话中的朱雀、人物为伴，过着逍遥自在的生活。我们也许还记得三星堆祭祀坑出土的神树，高大的树干上饰有龙和羿的故事，其实这种神树与汉代的摇钱树是一样的，其作用是导引亡灵升天，从而完成从人到神的过渡。

汉代成都地区道教很发达，道教祖师张道陵就曾经在大邑鹤鸣山的山洞中修道，修成以后，还在成都地区广泛传播其教义。因此，"长生不老、仙化不死、死后成仙"等观念对当地民众产生了较为深刻的影响。

一粒复活的番茄种

1987年，成都地区的考古学家在一座汉墓中发现一只陶罐，陶罐内装着满满一罐谷物。当罐中的谷物被清理出来时，考古学家惊喜地发现虽然绝大部分的谷物已经碳化了，但似乎还有个别的植物种子保持着生机。经过一千多年的地下埋藏，在干燥缺氧的黑暗环境中，那几粒尚不能辨出名字的植物种子像一具具木乃伊一样紧紧地收缩着，冬眠一般安全度过了漫长的时光隧道。

一位考古学家怀着侥幸的心理把这一罐碎渣似的谷物带回家中，然后找来一只花盆，把这些碳化的谷物和植物种子播撒进泥土里，试图通过阳光雨露的滋养，看到奇迹的发生。

一天过去了，两天过去了，播撒在泥土中的谷物仍然没有复活的迹象。这只是碰碰运气，要让汉代的种子在今天发芽开花也许本身就是天方夜谭，这位考古学家对此并不抱有幻想。然而两周以后，奇迹竟然发生了，这位考古学家在花盆的土壤中看到了一根嫩芽，它是那么的娇嫩，像是一个赤身裸体的婴儿；同时它又是那么的古老，像是从一枚恐龙蛋中破壳而出的怪物。考古学家拿来放大镜，仔细观察它的叶片和绒毛，然而，处于胚芽状态的一小片叶子，怎能分辨得出它是何种植物呢？考古学家按捺不住内心的兴奋，晚上睡觉也把花盆抱到床前，每隔十分钟就起来观察一次。

随着时间的推移，小小的胚芽长成了一株小苗，通过对苗株外观的分析，考古学家认为这是一株番茄苗。尽管它的叶片很尖，枝干长得像蒿草，但番茄苗的大体形态还是长出来了。为了便于研究和观察，考古学家又用另一只花盆栽种了一株现代番茄，两株相隔近两千年的番茄打破时空站到一起，就像是一个西装革履的人与一只猿猴的合影，然而事实证明两者的差距并非如想象的那么巨大。花期已至，两株番茄都开花结果了，只不过汉代番茄的花和果实更尖，更细小，结出的果子像橄榄；而现代番茄的花是圆而肥硕的，果实浑圆，表皮细腻而光滑。这样的对比是有趣的，等到果实成熟，考古学家把两株苗上的番茄摘下来放在一起对比，发现汉代番茄只有最小的鸡蛋那么大，形状是椭圆的，一头很尖；而现代番茄形如大的肉包子，红润而沉甸。

这一切都是在秘密状态下进行的，考古学家想把汉代的番茄再栽种一次，从而进行更加科学和细致的研究。然而翌年的播种却没有收获，播下的番茄种像沉入大海的石子，一点动静也没有，看来它们的生命已经彻底终结了。怀着一种既兴奋又失望的心情，这个考古学家把汉代番茄开花结果的事实写成一篇学术文章发表了。文章当即引起了很大的轰动，人们在照片上仔细观察汉代番茄苗株时，为大自然顽强的生命力所震撼。

与此同时，学术领域也有人对这一次实验提出了质疑，因为这堆从汉墓出土的已经碳化的谷物到它栽入花盆的整个过程是不严密的，无法保证播入花盆的种子一定是来自墓中陶罐，也许中间会落入现代的物种呢。其次，花盆里的土壤也未经过严格的筛选，土壤中混有现代番茄种的可能也不能完全排除。虽然这株汉代番茄看起来是那么的与众不同，但整个研究和实验过程不缜密，从而不能保证这株番茄苗真的就是由一粒汉代番茄种子孕育出来的。

画像砖（石）上的秘戏图

房中术盛行的时代

成都地区汉代墓葬中出土的画像砖（石）上有一类特别的题材，那就是描绘男女接吻或交欢的"秘戏图"，由于这类题材的画像砖（石）通常被视作禁忌，所以其表现手法和内涵通常不为读者所知。

成都地区出土的最著名的"野合图"画像砖，是 1956 年在新都汉墓出土的，现已被列为国家一级文物。整个画像由两帧连环画似的图案组成，第一幅图案描绘的是在桑树地里一男一女交欢的场面，女子仰卧地上，双腿高抬；男子则伏于女子腿间，生殖器的形状被描绘得十分清晰。男子身后另有一男子用手推动交欢者，令人想起《金瓶梅》中的一帧木刻版画。整个画面活泼浪漫，展现了汉代社会特有的民间习俗。在枝叶扶疏的桑树上，还悬吊着两只顽皮的小猴，似在为男女交欢者喝彩。桑树的背阴处，也有一赤身裸体的男子在偷窥，画面的线条和图案十分清晰流畅。

接下来的一幅野合图，桑树被描绘得更加浓密茂盛，在桑树底下，一男一女的交欢场面与前一幅类似，只不过桑树背阴处的一赤裸男子，不像前一幅那样站立偷窥，而是下蹲，似在导引行气。这两幅桑间野合图是汉代成都地区社会风尚的真实写照。

此外，类似的汉代秘戏画像石在成都周边也有发现，比如 1942 年在彭山东汉崖墓就发现接吻石雕一件，雕塑的内容为男女二人跪坐于地，相互搂抱在一起，引颈做接吻亲昵动作。1969年四川荥经县出土的石棺上也有一幅接吻图，男女二人相对席地而坐，用手托颔亲密接吻。

为何汉代的成都地区会有如此具有浪漫和写实情调的秘戏图呢？当我们想象那个时代怀春的男女在桑树下缠绵地纠合在一起，是否感到那是一个开放或色情的时代呢？其实，这些画像的产生跟汉代房中术的流行有着密切关系。

房中术是由古老的生殖崇拜演化而来的，在新石器时代，生殖崇拜就已十分盛行。到了汉代，房中术、房事养生的理论就已达到登峰造极的地步。《汉书·艺文志》的作者班固就曾讲道："房中者，性情之极，至道之际。"换句话说，班固没有简单地把房中术斥之为诲淫之道，而是认为它符合人的天性，符合自然界万物生长的规律。西汉的大儒家董仲舒甚至在《春秋繁露·循天之道》中讲："循天之道以养其身谓之道也……君子治身不敢违天，是故新壮十日而一游于房，中年者倍新壮，始衰者倍中年，中衰者倍始衰，大衰者以月当新壮之日，而上与天地同节矣。"在这里，董仲舒根据人的年龄和身体状况，对行房的次数提出自己的建议。其实汉代不仅在理论上重视和倡导房中术，而且专门讲述房中术的指南也很多，比如马王堆三号墓出土的竹书《合阴阳》就是一本专门讲述男女交欢细节的书，从前戏、交欢姿势到如何通过交接来延年益寿都作了许多富有创见的描写。

《后汉书·方术列传》除了记载各种各样有特殊技艺的人，还特别记录了善于行房中术的高人，比如冷寿光、甘始、东郭延年、封君达等。通过不断的实践，汉代的人企图向世人证明：房中术不但能使人长寿，而且能助人成仙，同时还可以祛病消灾，转祸为福。在这种思想的影响下，汉代的房中术便在一般民众中蔚然成风。而对于成都平原这个具体的地域来说，汉代正是张道陵在此创立道教的时代（当时又称为"五斗米道"）。葛洪的《神仙传》就记载说："陵语诸人曰：尔辈多俗态未除，不能弃世，止可得吾行气导引房中之事，或可得服食草木数百岁之方耳。"张道陵在四川传道的同时，也利用房中术为民治病。当时的四川潮湿雾瘴，疠气大行，张道陵祖孙在四川广行导引术和房中术，利用他道术中最能为一般人所接受的技艺赢得人心。

  当时人们认为房中之事得法，就可以益寿延年，如《后汉书·方术列传》中提到的冷寿光，他虽然老得头发和胡须全白了，但面色红润，皮肤细嫩得像只有三四十岁的样子。因此，汉代的秘戏图会堂而皇之地被镌刻在画像砖和画像石上，因为它是那个时代人们经常谈论的一个话题，用不着遮遮掩掩。

画像砖上的汉代成都

随着成都地区汉代画像砖的大量出土，那些长方形砖块上的汉代生活画面越来越丰富，这些汉代画像砖的拼接已经完全复活了当时社会的生活原貌，为我们认识和了解汉代成都的政治、经济、文化生活提供了依据和参考。下面就将出土的较为典型的汉代画像砖作一个简要的介绍。

市井画像砖 这块画像砖出土于新繁东汉砖室墓中，在成都市郊也有内容几乎完全相同的画像砖出土。该砖的画像是这样的：砖中央的突出位置昂然挺立一座五脊重檐市楼，楼上置鼓，它大概是城市的标志性建筑，因而被置于通衢大道的十字广场中心。四条通衢大道像四条光亮的彩带把城市分成四个不同的区域，各个区域因经营方式和品种的不同而形成各自的特色。仔细观察，会发现一个人牵着两头山羊进入街市中；还有身穿长袍的人围坐在酒楼上高谈阔论；在长长的屋檐下，推着独轮车叫卖商品的小贩显得很兴奋；在同一条大街上，两个身挎宝剑高谈阔论的人正迎面走来；在一个插有小方旗的店铺前面，有一圈人正在讨价还价……这么繁华热闹的市井写真，也许就是当时成都城的一个缩影吧。

拳术画像砖 这块画像砖长45厘米、高27厘米、厚6.5厘米，图上两人，上身均穿大襟短衣，腰间束带，下身均着短裤，显得精悍英武。二人正伸臂屈腕，亮出招势，在一片开阔地上习武练拳。远处隆起的山丘连绵起伏，隐约可见，低空中还有几只小鸟展翅飞翔。这块画像砖是我国迄今发现的最早记载拳术的实物资料。

告贷图画像砖 这块画像砖出土于1956年，画像砖的正面是一座高大的粮仓，仓房建在台阶高处，以防潮湿。阶前有长长的台阶通地面。仓房还有两扇门，门上有闩，房顶还开了两个透气的窗户。在仓前的地上铺设了一面凉席，一个衣冠楚楚主人模样的人正坐在席上指手画脚地指挥。他指挥什么呢？原来是一个荷杖的老头正跪在地上向他贷粮，旁边的伙计正把粮食注入一件容器中。整幅画面描写的是地主正在放高利贷的情形。

酿酒画像砖　成都平原历来是农业生产很发达的地区，因此酿酒有着非常悠久的历史，所出土的汉代酿酒画像砖也比较丰富。有一块酿酒画像砖描绘的场景是：五个巨大的陶缸一字排开，中间一口缸的跟前站着一个酿造师傅，只见他右手执器皿正向缸中投放酒曲，左手还拿着一支短棍，似乎是用来搅拌缸内之物的。画面的左边有一只形态逼真的狗，它好像完全被酒的香气所陶醉了，伸长脖子显出十分贪婪的样子。画面的右边还有一个扬鞭赶牛的人，正把满满一车粮食运往作坊。此外，还有一块"酒肆"画像砖，描绘的是酒肆售酒的情况：酒店老板端坐于酒肆中，柜台左侧正有一个人在买酒。酒肆前的街道上，一个人正把买好的一独轮车酒推走，他虽然已经在行走了，但还是忍不住回头向酒肆老板话别，造型十分生动。再有一块名为"酒舍"的画像砖，描绘一座巨大酒舍中的酿酒程序，通过画面，我们可以看清酒炉上的管子如何把烤熟的酒输入酒缸里，画面中同样有在陶缸前下曲搅拌的人，也有推着独轮车或挑着担子前来买酒的人，画面十分清晰。

宴饮画像砖　以宴饮为题材的画像砖在成都地区也出土多块。比如有块画像砖描绘了七个峨冠博带的贵族，他们席地而坐，神情悠然，面前的几案上放置着钵、勺、杯等器皿和食品，几个人捧樽举杯正在划拳敬酒。一块画像砖描绘的是在重重帷幄之内，一群男女席地而坐，正在猜拳饮酒，寻欢作乐，几案上的樽、勺等物清晰可见，这似乎描绘的是贵族家宴场景。一块画像砖的画像出现了轩敞的屋宇，屋顶朝前开着两个天窗，房顶上栖息着两只凤鸟，屋内有三个高冠长服的人正围案席地而坐。左边两人正拱手举杯，而右边一人正含笑执花在行酒令。还有一块画像砖则描绘了一大群人宴饮的豪华场面，长席之上男女杂沓，面前的案上都摆放着美酒佳肴，许多人正举杯狂饮，大有烂醉如泥之态。虽然这些画像砖年代久远，但我们似乎仍能感到扑鼻的酒香和喧哗的场面。

桑园画像砖 成都的养蚕和丝绸业历来都很发达，著名的古蜀国蚕丛部落就是以养蚕为生存之本的。这块画像砖的大部分画面都被浓密的桑叶遮盖着，笔直树干上的阔大绿叶看上去朦朦胧胧。画面的角上不经意地露出一间茅舍，那可能是守园人的临时住所，桑园内有一个寂寞的女子正翘起尖尖十指采摘桑叶。这块砖构图简洁，用笔洗练，看上去像是一幅写意国画。看着这幅画，耳畔会响起汉诗《陌上桑》那动人魂魄的诗句："罗敷喜蚕桑，采桑城南隅。青丝为笼系，桂枝为笼钩。"

车马画像砖 这类画像砖主要描绘车马从市井或桥上穿行的情景。有一块车马过桥画像砖，画面正中是一座微微倾斜的木桥，一辆有盖的双驾马车正从桥上过，马车之旁有一个侍从骑着马紧紧追随。另有一块画像砖中的马车是敞篷式的，车中坐着一个执鞭吆马的驭手和一个结发如笋含情脉脉的年轻女子。马车旁边，一个妇女推着装满箱篋的独轮车气喘吁吁地行走着。马车后面还跟随着两个骑马的护卫，一人手持长矛，另一人肩扛大刀。整个画面极有动感，但见马奔人跑，尘烟阵阵，道旁绿树上的鸟也被惊得扑扑乱飞。他们忙着去做什么呢？原来是年轻的新娘含羞带怯地忙着出嫁。

弋射收获画像砖 这种类型的画像砖记录的是收获和狩猎时的情景。其中一块画像砖的上半部有一个莲池，两个猎人正隐藏在莲池旁边的树荫下，张开弓箭向天空中结队飞翔的鸿雁瞄准射击。这是我们大家所熟悉的成都平原的秋天：秋高气爽，天空中飘着淡淡的白云，群雁结队往南飞。画像砖的下半部分为收割水稻图，三人执镰弯腰割稻，二人绑扎稻草，一人挑起一担谷穗急步飞奔。还有的弋射画像砖专门描写秋天射击飞鸟的画面，这样的画面离我们的现实生活并不遥远。

舞乐百戏画像砖 这是一种以舞蹈和杂技为主要内容的画像砖。下面向读者介绍六块不同形态的舞乐百戏画像砖：第一块画像砖上有三个赤露上身、表演杂技的艺人。第一个表演的是舞剑，他蹲着马步把三支短剑抛向空中，同时手里还有两把剑，也就是说他一个人同时把五柄锋利的短剑抛来抛去；第二人也蹲着马步，双手各捏一丸，其余三丸已被抛在空中；第三个艺人的功夫略为逊色，他只是一腿前跨，一臂平伸，臂上平放着一把茶壶，茶壶好像就要掉下来的样子。第二块画像砖是一个舞蹈场面，两个民间舞蹈家正在画面中央翩翩起舞，手势和舞姿都很优雅。旁边有两个乐手坐在地上，正在潇洒地拨弄着放在腿上的古琴。第三块画像砖既有舞蹈又有杂技，跳舞的艺人大概正在跺脚和拍巴掌，因为他手里的鼓和盘已经搁置在地上了，他正在纵情狂欢。而耍杂技的人是两个，一个正在双手撑案，做倒立状；另一个蹲着马步抛丸子。第四块画像砖名叫《执剑起舞》，描绘的是一个比较复杂的场面。右上角有两个赤裸上身的艺人正在舞剑和顶壶；右下角一男一女正在翩翩起舞，女艺人的发髻如同凤冠，手中的纱巾凌空飘舞，而与她配舞的男子似乎在抛耍着一个火球；左下角两个席地而坐的艺人，正在摇头晃脑地弹琴伴奏。唯有左上角的一男一女像是这幅画面的主角，因为他们没有参加这场由舞蹈和杂技组成的表演，而是坐在案前，一边饮酒，一边观赏，表现出极其快乐的样子。第五块画像砖名为《宴饮起舞》，描绘的也是贵族家宴饮的欢乐情景：主人们坐在几案前细嚼慢咽，而艺人们却空着肚子为主人表演精彩的节目。第六块画像砖名为《舞乐百戏》，描绘艺人们载歌载舞、自得其乐的样子，有表演柔术的，有弄丸的，有击鼓敲盘的，有翩翩起舞的……似乎他们生活在一个太平盛世，有无限的欢乐。

西王母画像砖　这是一块神话题材的画像砖，描绘西王母仪态端庄地坐在天庭的一张龙虎椅上，双手合抱做沉思状。左右两侧各有一龙一虎张牙舞爪，雄风凛然。画面的右上角还有一只美丽的九尾狐像影子一样飘过。

仙人对弈画像砖　此砖画像描绘的是仙人生活场景，正中是一张案子，摆放着围棋，对弈两人中一人两臂大张，开怀大笑，像是下了一步妙不可言的好棋，而对面一人手捏棋子，犹犹豫豫，不知这步棋该往哪里落子。旁边还有两个鹤发童颜的仙人正坐地闲谈，他们肩上都披着羽饰，头部发出炫目的神光。远处的背景是一对小猴正在灵芝草中间嬉戏奔跑。

　　如此数量众多、内容丰富的画像砖从成都地区的汉墓中出土是令人惊叹的。它们从不同的角度、不同的生活层面复活了成都汉代社会生活的历史，如果没有这些来自地下的考古实物资料，那些记载于史籍中的官方历史将会显得多么苍白无力。能够在随葬时使用这些精美的画像砖，也说明使用者是当时社会的上层人物或强势群体，他们视野中的成都生活也许只是一种贵族生活方式的缩影。尽管如此，起码它反映了社会生活的某一层面，是值得信赖的历史和文化遗存。

三国魏晋南北朝时期：英雄的归宿和宗教的复兴

惠陵：刘备和甘、穆二夫人的合葬墓

简陋的帝陵

凡是到过武侯祠的人都知道，在武侯祠这座纪念诸葛丞相的祠堂中还有一座坟墓，它就是诸葛亮的上司刘备的坟墓。按理说，哪位君王不比自己的臣僚显赫呢？在位时当然不说了，死后君王们的帝陵都修筑得无比雄壮，占尽天时地利。然而在成都，诸葛亮的形象的确要比刘备的形象高大伟岸，这大概就是平民百姓心目中的历史吧。

惠陵是否真是刘备的皇陵，或者说刘备的遗体是否真的跟他的两位夫人甘皇后和穆皇后葬在这里，以前有人对此提出过质疑，但按史籍记载，刘备和他的两位夫人的的确确是葬在我们今天能看见的那个大土丘下的。公元222年，刘备的爱将同时也是跟他情同手足的关羽"败走麦城"，丧生异地，为了报此血海深仇，刘备不顾臣僚的劝阻和曹魏的虎视眈眈，率领大军倾巢出动，东下伐吴。由于仓促出兵，又心浮气躁，因而这一战役刘备被东吴打得丢盔弃甲，损失异常惨重。《三国志》记载这次战役："舟船器械，水兵军资，一时略尽。尸骸飘流，塞江而下。"蜀汉的军队损失上万，刘备气得七窍生烟，退到白帝城的永安宫时便一头栽倒在病床上起不来了。在临死之前，他特意派人把驻守在成都的诸葛亮请来，凄怆地交待后事说：我看来是快死了，丞相以后觉得刘禅可以辅佐，你就辅佐他；万一这小子不是君王的料，丞相你就取而代之。这个故事就是历史上有名的"白帝城托孤"。刘备说完这番话，就溘然长逝了。

　　这一年是公元223年，诸葛亮伤伤心心地把刘备的遗体运回成都安葬。按照刘备生前的遗嘱（遗诏）："百官发哀，满三日除服，到葬期复如礼；其郡国太守、相、都尉、县令长，三日便除服。"这大概是中国历史上最简单的皇家葬礼，刘备的遗体被运回成都，先是举行"发哀"仪式，大概是向蜀汉民众通报皇帝的死讯，头三天大家披麻戴孝表示哀悼，三天之后就可以去除哀服。到下葬的时候也是如此，葬期三天须披麻戴孝，但三天一过就可以改穿别的衣服。这样的葬礼的确够寒碜了。刘备的第一位夫人姓甘，死得比较早，遗体被安葬在南郡。公元222年，刘备打算把这位前夫人的陵墓迁到成都，可惜灵柩尚未运到成都，刘备就因悲愤和操劳死在了讨吴的征程中。这下倒好，两口棺材几乎是同时运到成都。这样一来，刘备和甘皇后被同穴而葬了。刘备入蜀以后还娶过一位姓穆的皇后，后来也被安葬在惠陵之中。

　　上述过程见于诸多的史籍记载，应当是真实可信的。但是惠陵当时的规模有多大？地面的封土到底有多高，四周是否有巍峨壮丽的陵园式建筑？这一切都没有记载，不过根据三国时期丧葬从简的习俗来看，惠陵当时的规模绝没有现在那么壮观。三国在中国历史上是一个十分特殊而短暂的时代，前后仅有60年。在这60年中，"群豪并起""名豪大侠，富室强族，飘扬云会，万里相赴"。这是一个动荡不安、英雄逞能的时代，人们没有心思静下来考虑丧葬问题，他们生时是在马上和刀光剑影中度过的，死后则被草草地安埋于土中，就是权倾一时的大人物也是如此。况且在三国中，以成都为中心的蜀汉是最弱小的国家，当时的蜀汉政权仅仅"统户20万，人口90万，兵士10万，吏4万"，疆域也仅仅统辖巴蜀、汉中及云南部分地区，综合国力远不如魏国和吴国强大。因此，在这样的现实面前，刘备的葬礼就不可能过于隆重和豪华。

　　作为蜀汉丞相的诸葛亮，他去世以后的葬礼甚至连一个普通的平民百姓都不如。史籍记载，诸葛亮曾经向刘禅交待自己的后事说：我在成都有桑树800棵，薄田15顷，我的家人们依靠这些就可以过上衣食无忧的生活了；至于我，戎马生涯，常在外面打仗，随身的衣食都是国家供给的，我死以后千万不要弄得内有余帛，外有盈余之财。如若那样，怎么对得起先主、陛下和全国的老百姓？言下之意，他诸葛亮洁身自好、俭朴惯了，死后只要有个土坑安葬就行了。果然，一代贤相诸葛亮死后，按遗嘱被葬在了定军山中，他的墓坑只有一具棺材那么大，平时穿什么衣服生活，就穿什么衣服下葬，而且不要一件随葬物品。

蜀汉的五虎上将中，关羽、张飞、赵云、黄忠等的墓葬也是十分简陋，要么是衣冠墓，要么是弓箭墓，即便是真身墓，规模和档次也和诸葛亮的差不多。刘备虽然是蜀汉的皇帝，但论私交，他跟关羽、张飞、诸葛亮等的关系就跟朋友哥们差不多，从未做出过高高在上的姿态。因此，从他们君臣平时的表现和刘备的遗嘱来看，惠陵之简陋是可以理解的。

我们今天所看到的惠陵乃清代重建，封冢高 12 米，四周绕以砖墙，周长 180 米，占地约 3 亩，这都是后人为了纪念这位刘皇叔而扩建的。据宋人"凄凉汉陵庙，衰草卧翁仲"的诗句分析，惠陵在宋朝时尚有墓道、墓表、石翁仲、石兽等大型石刻，但这样的场面也可能是唐宋的成都人给修建的。三国时曹操、孙权都没有享受过这样的丧葬规模，国力最弱的蜀汉自然不可能花大力气为刘备治坟。况且当时并非太平盛世，三国之间的敌对关系还很紧张，人们的注意力都在维护国家安全和稳定方面。

惠陵是不是刘备墓

在武侯祠二门前的碑林中，有一块碑石的碑文说："成都府城南三里许，邱阜巍然，是曰惠陵，昭烈弓箭实藏焉！"意思是说惠陵并非刘备的真身墓，而仅仅是他的弓箭墓。这通碑名为《新修诸葛忠武侯祠堂碑记》，是明代嘉靖二十六年（1547 年）由四川巡抚张时彻撰文、成都府同知高登所立。同时碑文又说，这块碑是从宋代《重修先主庙记》上面的文字转录而来，也就是说在宋代时，大家就认为惠陵是刘备的弓箭墓了。

而民间流传的说法是，惠陵真是埋葬刘备弓箭的地方，刘备和甘夫人的真墓尚在白帝城。仔细分析这种说法，我们发现也有合理的地方。首先，诸葛亮是死在战争前线，也被葬在战争前线的，他可能是学习刘备"人在阵地在"的大无畏精神，遵循刘备这个先例的。其次，当时蜀汉与东吴的战争虽然暂告结束，但双方的关系如箭在弦上十分紧张，诸葛亮是否会放下当务之急，安安心心地扶着刘备笨重的灵柩回到成都？再次，刘备迁甘夫人的墓，早不迁晚不迁，偏偏在他快要死的时候迁，而且两只灵柩到达成都时，刘备的陵墓尚未修好。这其中的疑团真叫人狐疑得很，也许诸葛亮认为把刘备的尸骨葬在白帝城过于孤单，所以才命人把甘夫人的墓迁来合葬。

当然这只是猜测而已，也许宋代的地方政府为了防止盗墓贼光顾惠陵，故意以这块石碑为烟幕弹也未可知。要知道盗墓贼的手段是多么高强，远的不说，成都平原古蜀国已经发现的王陵：商业街蜀王家族船棺合葬墓和新都战国木椁墓都是被盗过的。而且惠陵本来就不是建得十分高大坚固，盗墓贼要穿破封土进入墓室并非难事。根据民间传说，历史上确实有一个盗墓团伙曾经进入过惠陵。

话说有一次，成都的一伙歹徒妄想盗墓发财，他们起早贪黑，熬更守夜，费尽了九牛二虎之力，终于在墓的一侧挖开了一条通道。当这伙人怀着激动的心情拥入墓中，眼前的景象把他们全都吓呆了。只见许多高大健壮的卫士，手执锋利的刀剑从天而降，"呼啦"一声把这伙盗墓贼团团围住。再往里瞧，只见刘备与诸葛亮正在金碧辉煌的地宫里下棋呢！刘备捻着胸前飘洒的胡须，而诸葛亮则轻轻地手摇鹅毛扇。关羽和张飞本来在看下棋，听到动静，把目光转了过来——盗墓贼看见张飞的眼睛跟牛眼一样瞪着，把人都快吓死了。如果这时候张飞大吼一声，就不会是桥断、水逆流的结果，而是会将盗墓贼像扇蚊子一样扇得从墓道里飞出去。这伙人哪见过真张飞？都吓得双腿筛糠似的，马上跪地求饶。刘备倒很客气，很有礼貌地问他们会不会喝酒？这伙人不敢言语。刘备见他们不吭声，就叫侍者每人赐给他们一杯酒喝，然后又打开一口柜子，从中取出金带数条，每人赐了一条，说："既然你们辛辛苦苦来了，总不能空着手回去，每人一条金带留做纪念吧。"一伙人磕头如捣蒜，都纷纷感谢刘皇叔不杀之恩。等他们浑身汗湿退出墓道，只听见轰隆一声巨响，墓门已经关闭了。这伙人正在庆幸之时，只见金带都变成了蟒蛇，吐着血红的信子要咬人，他们又叫又跳地狂奔而去。哪知喝了刘皇叔赐的酒，所有人都变成了哑巴，要吼也吼不出声了。

　　惠陵是否真被盗墓贼洗劫过，惠陵是否是刘备的真身墓，这一切都只有等待以后的考古发掘了，最后的谜底到那时才能揭开。

三国时期的考古发现

三国在中国历史上是一个极其短暂的时期，前后仅有 60 年。在这短暂的 60 年里，中国的大地上充满了斗智斗勇的战火和硝烟，人们在马背、船只和帐篷里度过他们宝贵的岁月，很少有闲心坐下来享受生活。因此，成都地区三国时期的考古发现数量不多，但在这为数不多的发现中却可以窥见一个时代仓促而凌乱的脚步。

蜀汉铜弩机

1964 年 3 月，四川地区的考古学家在成都附近郫县太平公社一座晋墓中，发现了一件公元 261 年由蜀汉制造的铜弩机，弩机上的铭文记载："景耀四年二月卅日，中作部左兴业、刘纪业，吏陈深，工杨安作十石机，重三斤十二两。"这是一件专门用来射箭的重武器，比一般的铜弩机张力更大，如果把"石"换算成今天的"公斤"，可以测算出这件铜弩机的张力为 260 公斤左右。这么大的张力一个人通过臂力是无法撑开的，而应当是通过脚踏来发射的。

从这件铜弩机的制作年代来看，当时蜀汉丞相诸葛亮还在世，他给后人留下的印象是勤勤恳恳、精忠报国，打起仗来很有计谋，而且还善于制作各种各样的交通和作战工具，比如木牛流马、铜弩机等。也许这件威力强大的铜弩机就是由诸葛亮这位"长于巧思"的军事专家设计的。《三国志》曾经记载说，有一次诸葛亮发明了一种能够一次发射 10 矢的连弩，魏国的给事中马钧看见了这种先进的武器，表面上说它还不尽完善，但内心里其实十分羡慕。

更为有趣的是这件铜弩机的铭文还记录了制作年代、监制人、制作人等的名字，看起来的确算是一件精密的值得传世的好宝贝。在三国那充满战火硝烟的年代，一般的弩都是用手撑开发射箭矢，比如我们熟悉的"草船借箭"故事，那些射到草船上的箭，就是由士兵不断地张弓搭箭射上去的。当然这种弩作为一种轻型的武器自有其好处，一是携带方便，二是要发射的时候张弓上箭，不射的时候就收起来，类似于现在的步枪。而这件重型的铜弩机却不同，首先它是连发，可以一次性发射10支或更多的箭；其次箭矢都是事先安装上去的，安装好以后就把张开的弦扣在扳机上，发射时只要扣动扳机就行了。对于这件张力为260多公斤的弩来说，用脚力把它张开的可能性不大，大概安装箭矢时是用"车绞"的办法来进行的。

在战争前线，这种铜弩机的功能相当于大炮，虽然杀伤力很强，但是也有它的弱点，因为发射之后还需要一个重新安装箭矢的过程，因此它可能是跟小型或轻型的弩机同时使用的。

八阵图

作为军事家的诸葛亮，他的兵法理论具有很高的水平，其军事实践也取得了许多成功，无论是史籍记载还是传说中，诸葛亮不时摇着一把扇子，神情泰然地指挥作战，人们相信他的胸中装着宇宙，装着《易经》方面的神秘知识，他有能力预测和把握战事的发展。在四川留下的有关诸葛亮排兵布阵、演练阵形的古迹中，有两处八阵图值得人们观赏，一处是白帝城的"水八阵"，一处是成都弥牟镇的"旱八阵"。

白帝城的水八阵建于古鱼腹浦的沙滩上。公元766年，唐朝大诗人杜甫从这里经过，瞧见这座由诸葛亮修建的神秘的战阵，写了一首诗表达他的感想："功盖三分国，名成八阵图。江流石不转，遗恨失吞吴。"缅怀前人总是会留下无尽伤感，虽然诸葛亮文治武功样样行，但最终也逃不过"出师未捷身先死,长使英雄泪满襟"的结局。在广阔的沙滩之上,诸葛亮命令士兵把礁石垒成战阵,形状犹如八卦,每一堆石头高5尺、环周60围,一共64堆。这些凸起的大石堆纵横有序,星罗棋布,分别按天、地、雨、云、龙、虎、鸟、蛇八种阵势组成。平时诸葛亮坐在白帝城一个山头上,用红白黑三种旗指挥士兵们在八阵图中操练。红旗一挥,只见刀剑林立,整个沙滩似乎有千军万马从地下冒出;白旗一摇,只见八阵图中人影皆无,不知人数众多的一支部队到哪去了;黑旗一举,只见八卦阵中各兵种如风车般风驰电掣,犹如神龙见首不见尾,其间的无穷变化恐怕只有诸葛亮本人能弄清楚。

222年刘备兵败白帝城,东吴的大将陆逊把可怜的刘皇叔杀得屁滚尿流。当陆逊追杀到白帝城边的河滩上时,一下子被诸葛亮的八阵图弄懵了,他远远地伫立在一个山头上观察动静,那密布于沙滩上的64个大石堆令他困惑不已,他问手下人:你们见过这阵势没有?手下的人都摇头。陆逊看着看着,只见八卦阵中蜀汉士兵一会摇旗呐喊,似有千军万马;一会儿击鼓鸣号,震得地动山摇;再过一会儿又一个人影也无。这么虚实不定的阵势谁敢靠拢呢?因此陆逊茫然地观望了一会儿,就带着他的士兵悻悻地撤走了。

建在长江边上的蜀汉八阵图,据说夏季当长江涨水时,整个阵势都会被淹没掉;但秋天水位下降时,八阵图又会完好无损地浮出来,阵中的石头和沙子都纹丝不动,十分神奇。其实,中国历史上最早使用八阵图的军事家还不是诸葛亮。1990年考古学家在河南密县发现我国最早的《风后八阵兵法图》,这是我们的始祖轩辕黄帝使用过的一幅军事地图。据历史记载:黄帝当时与蚩尤作战,战事之变幻莫测如同刘邦项羽之争,黄帝九战皆败,最后退守到了河南密县。他心想,要打败蚩尤这家伙,使用常规战术看来是难以奏效了,必须出奇制胜才行,于是黄帝就在密县修筑一种奇怪的战阵,终于把八阵兵法演练成功。这八阵的名字分别是:天复阵、地载阵、风扬阵、天垂阵、龙蟠阵、虎踞阵、鸟翔阵、兽行阵。结果蚩尤的军队一来,就被黄帝的八阵图困住了,蚩尤本人也在这次战争中死亡,黄帝从而完成了他统一华夏的伟业。

诸葛亮一生研究兵法，对古代的战阵布局又有创新。据史籍记载，诸葛亮曾经使用过的战阵有一字长蛇阵、三才阵、五行阵、七星阵、八卦阵等，可谓变幻无穷。

旱八阵位于成都外北30里许的青白江区弥牟镇，关于这一处难得的蜀汉遗迹，史籍多有记载，如《三国志·蜀志》记载说："亮推演兵法，作八阵图，咸得其要。"《益州记》也说："有武侯八阵图，土城四门，中起六十四魁八八为行，魁方一丈，高三尺。"《纬略》上的记载则更加翔实："八阵图在新都者，峙土为魁，植以江石，四门二首，六十四魁，八八成行，两阵并峙，周凡四百七十二步，魁百有三十也。"实地考察，我们发现弥牟镇的旱八阵是一处占地1.6万平方米的雄伟遗迹，虽然现在64魁中的土堆只剩下5堆半，但当初的雄伟壮观还是可以想见的。这些土堆最高的7米，周长可达20米，而小的土堆周长只有几米，在这迷魂阵般的八阵图中，结构紧密，有一种变化无穷的神秘，它吸取了中国八卦变化和制约的精髓，从而发展成为一种实用阵势。

诸葛亮在留下他的英名的同时，也留下了这一神秘的八阵图。到了南宋，曾在成都做官的大诗人陆游慕诸葛亮八阵图之名，也曾带领士兵到弥牟镇的八阵图中操练，并为此写诗纪念道："野火炎高冈，江云暗空戍。角弓寒始劲，霜鹘饥更怒。邂逅成小猎，尺箠聊指呼。北连武侯祠，南并稚子墓。合围蹙穷鹿，设伏截狡兔。壮哉带箭雉，耿介死不顾。"大概这是一次采用狩猎方式的军事演习，没有敌人，他们就把野鹿和狡兔当成敌人，在八阵图中围追堵截。虽然这种游戏般的狩猎行为不能完全体味诸葛亮八阵图的妙处，但身临其境地玩一玩也是不错的。时至清代，驻守在成都的八旗军也还每年到这个八阵图中去演练一回，它的神秘和在军事上的实用价值不断被后人认可。

还有一个有关八阵图的传闻值得一提：说是明代末年，张献忠的军队撤离成都，这一天途经弥牟镇，官军从四面八方追杀而来。正在无计可施之时，张献忠看见路边有一个葛布长髯的老者，意趣悠然地坐在那儿闲耍，就上去请教突围之路。老者用扇子一指，张献忠便带着部队从八阵图的入口进去，七弯八绕又从出口逃离了。而官军进入八阵图以后，忽觉大雾迷漫，乌云翻卷，那 64 个土堆变成了深山峡谷，官军在里面左冲右突，忙活了一夜，弄得人困马乏也没有冲出阵势。等到翌日黎明，太阳从东方冉冉升起，官军才看清他们在几十个土堆中冲杀了一夜，都感到不可思议。

弥牟镇当地的老百姓还传说另一则趣事：1949 年底解放成都时，国民党残部逃进八阵图，依靠地形潜伏下来。白天，他们能听见远处群众欢迎解放军的欢呼声，吓得大气也不敢出。到了晚上，便想乘夜幕的掩护悄悄溜走，哪知刚一挪步，就见阴风惨惨，飞沙走石，伸手不见五指。有些饿慌了的士兵想到田边偷点萝卜吃，可走拢一瞧，白天还是萝卜田，夜晚却变成了冬水田。这伙残兵困在八阵图中三天三夜，饿得肚皮贴背，两腿发软，最后只有向当地民兵举手投降。投降时还一再嘀咕：孔明显灵了，我们钻进八阵图，东撞西碰，就是找不到出路。

看来并不是诸葛亮留下的八阵图神奇，而是诸葛亮智勇双全的形象已经无处不在。

成都的南朝石刻造像

地下的弥勒佛

　　成都最有价值的南北朝时期的考古发现是一批南朝石刻造像，如 1991 年四川省委办公厅在修建宿舍时发现了一批南朝石刻造像，1995 年 5 月西安路中段在拓宽路面时也发现一批南朝石刻造像，再加上成都万佛寺早年发现的南朝石刻造像，展示了一幅当时社会宗教兴盛的特殊背景。

　　这一批又一批南朝石刻造像的出土，有一个令人惊异的地方，那就是佛教题材的造像与道教题材的造像同时出土。这种本土宗教与外来宗教和平共处的情况在考古实践中十分罕见，反映了当时社会宗教发展的某种态势。

　　最近一次的西安路南朝石刻造像出土物中，佛教题材的造像有：弥勒佛、三佛、释迦多宝、释迦、育王、无量佛等。它是我们在当今佛教寺庙中耳熟能详的"宝相"，当初一定是被高高地供奉在成都的寺庙中，在一片金碧辉煌和香烟缭绕中等待人们的参拜。

　　南朝佛教石刻造像弥勒佛的造像在人们的脑海中应当是笑口常开、双耳垂肩、腹部圆圆的一尊开心佛，但成都西安路出土的弥勒佛则完全是另一个样子。这尊佛像面部轮廓分明，颈部光滑细长，脸上的肌肉显得比较丰满，头上有磨光的馒头状肉髻，简洁而略显厚重的袈裟衣领从肩部翻起，敞开的双襟在胸前形成一个"U"字形，并不是笑容可掬大腹便便的样子。其余的菩萨造像都盘坐于圆台之上,头戴高冠或绾成发髻,衣带飘逸,身材纤瘦。南朝石刻佛像真可称得上是"古佛"了,这些佛像通身描彩贴金,其所贴金箔的含金量都在95%以上,可以见得当时人们对佛的崇敬和信仰。

  南朝石刻造像单从造像的风格进行观察,成都出土的南朝石刻造像整体上都比较纤细秀丽,而非现在雍容华贵的样子,说明佛像的制造是跟当时人们的审美情趣相一致的。佛教自汉代传入中国以后,其传播在南北朝时期形成了一个高潮,但是佛或菩萨的样子是怎样的,这只能依据石刻艺人和信仰者的审美来进行塑造,尽量把造像塑造成人们心目中想象的那副模样。

  在西安路成批埋藏的南朝石刻造像中,还同时出土了中国道教的造像。这些道家人物的服饰虽然与佛教造像完全不同,但在造型和雕刻手法上却是完全一致的,最典型的特征是宽袖长袍,手里拿着道家人物喜欢的麈尾,衣领自然敞开,令人想起六朝名士的形象。

  历史上以成都平原为中心的四川地区是南朝佛教传播的一个重要区域,再加上本土宗教道教的兴盛,成都地区当时的宗教氛围是十分浓郁的。可以想象,那时的寺庙很多,善男信女们怀着信仰和理想定期到寺庙里去参拜,会向自己崇敬的佛烧上一炷香或供上几个鲜果,然后跪在蒲团上向高高在上而庄严无比的佛像拜一拜,把心中想要实现的心愿向他们述说。这样的仪式完成以后,他们浮躁而痛苦的内心感到平静而安适了,他们离开心中的圣地,再一次汇入成都的滚滚红尘中,挑担推车或经营买卖。总之,一种源自内心的信仰会给他们平淡的生活增添一些色彩。

佛道造像为何会被埋藏地下

  按照一般人的思维,端庄的佛像应当是被供奉在神龛上,在接受人们最虔诚的瞻仰时,得到最好的保护,然而考古学家确实在成都发现数例埋藏佛像的例子，这是什么原因？这跟当时政府对宗教信仰进行清理有关么？我们也许还记得阿富汗的卡米扬大佛被反对这种信仰的派别炸毁的事实，其实成都出土的南朝石刻造像也跟类似这样的背景有关。

南北朝时期，随着寺院权力的逐渐增大，周武帝感到封建皇权的影响力遭到这种来自民间的力量的侵蚀和削弱，因此在574年下令禁止佛道二教，全国范围的寺庙宫观皆被拆除，造像一律打砸，僧尼和道士、道姑被勒令还俗，所有有关佛道的经书、经版被集中起来烧毁，无数精美的造像和宏伟的寺院宫观被夷为平地。这样一次从上至下的灭佛灭道行为，其影响力和破坏力是可想而知的。除了远离城区或穷山野谷中的石窟得以保存外，其余的造像基本上被毁灭殆尽。

当这样一种带有政治目的的灭佛灭道行动展开以后，民间自然会有忠实的信徒站出来保护这些造像。尽管当时的统治者认为这些造像是邪恶的，但在信徒们的心中这些造像却显得无比圣洁，在它们身上闪烁着天庭和彼岸世界的光辉。保护这些造像的最好办法就是把它们"窖藏"起来，因此成都地区发现的南朝石刻造像，就是在这样的背景下被长埋地下的。

从出土造像中既有佛教造像又有道教造像来看，这显然是一种集体行为，人们把不同寺庙和宫观中的造像集合在一起加以埋藏，并不管它是佛是道。造像身上的金箔没有被取走，说明他们的行为显然不是为了钱财，而是为了真正的源自内心的信仰。

隋唐五代时期：在音乐和壁画中沉醉

考古发现中的唐代成都城

杜甫草堂唐代遗址

2001年10月,成都著名的杜甫草堂在进行地下管网施工时,意外地发现一处大型的唐代房屋遗址,出土了大量的厨房生活用品、建筑残片、唐代水井等珍贵文物,呈现出比较完整的唐代杜甫草堂的生活原貌和特征。

最初发掘出土的是七个完整的碗和一些陶瓷碎片,碗上的支钉和半釉是较为突出的唐代器皿的标志。随后又在遗址出土了大双耳罐、香粉盒子、荷叶釉碗等陶瓷制品,这些带有寻常家庭气息的器皿似乎让我们看见了草堂旧主杜甫的某些生活侧影,比如他亲自搭建的简陋茅屋,以及从茅屋上袅袅升起的炊烟。考古学家们在仔细清理这个类似于厨房遗址的土坑时,又发现了已成粉末的唐代大米和一把完全锈蚀的铁制锅铲。同时出土的还有双耳酒壶、荷叶边果盘等器皿,其精美甚于前朝同类器皿。一件盘口瓶尚散发着青黄色的迷人光晕。这几件器皿造型精美,属成都地区唐代出土器物中少见的珍品。数十件碗、盘、罐、缸等日常生活用品的出土,已经基本复原了唐代草堂生活区的原状。通过这些散发着泥土气息的器皿,人们可以想见唐代成都生活的质朴和温馨。

当年11月,又在考古工地发现一口完整的一千多年前的唐代水井,以及墙基、柱洞等多处唐代民居遗迹。这口唐代水井直径约60厘米,井口淤积的泥土显得比较湿润,似乎还有活水从地下慢慢浸出。

此次杜甫草堂唐代生活遗址的发现，是成都地区唐代遗址目前出土器物最多的一处，整个遗址散发出一股浓郁的日常生活气息。遗址发掘的同时，已有热情的媒体对该遗址作出推测，认为它们应当是杜甫当年的遗物，说不定杜甫曾经使用过其中的一只碗，他用他那写出过光耀千秋的诗句的手轻轻地端着这只碗，碗的边沿甚至留下过杜甫的唇印……其实这样的猜测很可能是一厢情愿的附会。至少在发现杜甫的私人物品或手稿前，我们不能肯定这就是杜甫的旧居和家庭生活用品。

杜甫骑着一匹瘦骨嶙峋的马，带领家人翻越秦岭来到成都是759年冬天，他在成都杜甫草堂一共生活了大约四年的时间，然后在川东逗留一年多，又沿长江出川，最后凄苦地死于岳阳。据杜甫的诗句记载，他们一家人在浣花溪畔选择一块空地搭建草堂寓居时，当时的浣花溪畔还比较荒凉，只有零零星星少许几家当地住户。草堂落成以后，杜甫写了一首名《堂成》的诗来纪念那个特殊的日子："背郭堂成荫白茅，缘江路熟俯青郊。桤林碍日吟风叶，笼竹和烟滴露梢。暂止飞鸟将数子，频来语燕定新巢。旁人错比扬雄宅，懒惰无心作解嘲。"从当时的环境来看，有桤树、竹林、白茅的浓荫遮盖着这个新家。新居刚建成不久，就有几只燕子啁啾着来这里筑巢了。而且草屋前面还有一条沿江的小路，顺着它，杜甫可以优哉游哉地走到郊外去踏青。

当时杜甫有个朋友在成都做官，替他在当地官府中谋了一个差事。年过半百的老诗人在成都过的是一种半官半民的闲散生活。此次杜甫草堂唐代遗址的发现，虽然表面上看起来与杜甫当时的生活景况比较契合，但我们无法排除以下两个疑点：一是杜甫在草堂仅仅居住过约四年时间，我们无法肯定这个遗址是杜甫留下的还是后人留下的。因为据史籍记载，杜甫离开草堂三年左右的时间，当年镇蜀的西川节度使崔宁的夫人——浣花夫人就看上了这块风水宝地，曾移居浣花溪畔以杜甫旧居为别宅。再往后，浣花溪畔因名人故居和风景优美等原因，前来这里建宅居住的人逐年增多，所以没人敢肯定新发现的地下遗迹是杜甫留下的。其次，当时的杜甫草堂仅为几间破败的茅屋，而现在的杜甫草堂已是一个巨大的园林，有谁知道760年左右兴建的草堂旧址在哪儿呢？

杜甫草堂唐代遗址的发现，增加的是杜甫草堂的文化含量，而不是杜甫本人的传奇色彩。

唐代的成都城门

1990年3月，成都地区的考古学家在市区西南部的人民路135号旧址发现一座唐代的城门和一座宋代城门遗址，由于此次发现是成都城市考古同类题材的首次发现，因而具有特别重要的意义。

这两座城门遗址原被明清城墙叠压着，经过清理，发现时间较早的唐代城门宽6.6～6.7米，复原后的进深（即参照城墙的宽度）约为10米。门墩是采用夯土外加包砖的方式修筑的，包砖下面有一列石条作为整个门墩的基础。门扉位于城门的中部，朝内开启。同时发掘出土的还有门础石、门砧石、门框石、木质门扉钉、包门铁皮以及门泡等，也就是说，唐代成都城门的门扇是木质的，大约有点类似于故宫的城门，非常厚重，门扇的四周还包了一圈铁皮，门上还有门泡钉等装饰物。

门道是用砖铺设的，当出城进城的唐代成都人推着独轮车从此经过，会听见车轮在平稳的砖地上轻微的摩擦声。发掘清理中，有一个现象引起了考古学家们的关注，即包门的铁皮有被火烧的痕迹，而且城门门道中堆有大量的红烧土，据分析这种土也是大火焚烧的痕迹。看来，这座唐代成都城门遗址是毁于大火中的。

离这座被毁弃的城门不远的地方，又发现一座年代稍晚的城门。这座城门宽6.7～6.9米，进深残长8.1～9米，基本与第一座城门相当。门道中发现大量石条，门道地面未铺设砖块，而是硬土地面，路的中央位置才铺垫一溜砖块和卵石的混合物。有趣的是，考古学家们竟然在城门过道上发现了车辙的痕迹。这些清晰的痕迹是唐宋时期的独轮车或双轮车留下的，当时车上装着什么货物？是药材、棉布，还是笨重的石材或木材？按照中国传统的城市管理模式，城门每天的开启有固定的时间，且有为数众多的士兵把守，它既是一座城市普通市民的商业或旅游通道，也是一座城市的安全通道。

清理发掘工作完成以后，考古学家们断定第一座城门始建于唐代，毁弃于北宋初年；而第二座城门修葺使用于北宋，甚至到了南宋或更晚还在使用。唐代城门是采用夯土加包砖而修建的，夯土为紫色，纯净无杂物，它跟成都平原上一般的黏土完全不同，基本不含沙质。这种土遇水时容易绵软，但晒干以后却异常坚硬，看来是专为筑城而精心挑选的。在包砌夯土的青砖中，发现有部分墓砖，这个发现符合唐末高骈创筑成都罗城的记载："骈版筑罗城……开掘古墓，取砖瓮城。"当时的筑城方法是先用木板夹住黏土夯筑，墙体筑好以后再在外围包砌青砖。这样有利于防止雨水对夯土的侵蚀，同时也可增加城市的防御和耐久能力。

见于文献记载的唐代成都罗城的城门有七座，即：大东门、小东门、万里桥门、笮桥门、大西门、小西门和太玄门（北门），根据此次发掘的唐代城门方位推测，它应当是唐代的笮桥门遗址。

笮桥门被一场大火所焚毁。根据发掘现场观察，板门外的铁皮因高温的烧灼而呈熔化状态，门道上方及两侧的夯土、包砖被大火烧塌以后形成板结的红烧土块。从此迹象分析，一般的城门失火是不可能造成如此严重破坏的，而只能是战争中依靠易燃物质摧毁城门才能如此，就像后来张献忠用膏脂裹棉纱焚烧成都宫殿的石柱一样。

唐末至五代时期，割据成都的王建和孟知祥都是小朝廷的皇帝，他们的后代王衍和孟昶都是被中央政权所消灭和俘虏的，再加上北宋初期爆发的王小波、李顺起义，因此这一时期成都的城门被外敌火攻告破的可能性极大。当时罗城的坚固程度是成都自建城以来最好的，城墙高二丈五尺，墙基的宽度也是二丈五尺，城墙顶部宽一丈余，城垛高四尺。城墙外部的包砖一共用了1550万块，再加周边33里的瓮城和防御工事，可以说唐宋时期的成都罗城是一座固若金汤的雄伟之城。要攻破这座城池，只有采取火攻城门的办法，因为高大的城墙是根本无法逾越的。

唐宋时期成都城门的发现，为成都城市史提供了重要的物证，同时也为我们想象中的壮丽城廓增加了一个可以触摸的视点。

城市里的大型排水系统

近几年有关唐代的城市考古还有一个亮点，那就是成都科甲巷大型唐代下水道设施的发现。这是一片位于城市中心位置的地下遗迹，是当时城市管理者对居民用水和城市排水系统精心设计的杰作。

从考古发掘现场我们可以看到，尚未完全腐朽的巨大楠竹被连接成笔直或弯曲的管道，唐代成都的居民用水和雨季积水曾经通过这样的地下管道汩汩地流入江中。若将它跟我们现代的城市下水道进行比较，除了管道材料和粗细之差外，几乎找不到什么差异。唐代成都的城市管理者已经有了一种废水疏浚的先进理念，这种理念到现在还不过时，就像伟大的都江堰水利工程至今仍在发挥它的作用一样。

复原唐代成都的地理环境，可以看到，当时成都要比现在潮湿和低洼许多。通过汉代的水井可以看出，挖地一至两米，就会冒出清水来。在这块多水的平原上建筑城市，经常遇到的问题肯定是水患。每当雨季来临，当时成都的街巷一定积满了难以排除的雨水。我们也许还记得秦国宰相张仪在成都修筑秦城的故事，最初的时候，城墙刚筑起来，随即便倒塌掉了，反反复复修了数次，就是因为成都太低洼潮湿了。城市的管理者站在高处的屋檐下，看见大雨之后成都大街小巷到处都是积水，很不利于人们的生活，因此他就想，得想个办法把这些积水疏通到低洼处的河道里去。

这个想法得以实施是在第二年的冬季，这时候雨季的积水已经基本上消退了。人们在街的两边挖出一条沟濠，然后把空心的楠竹安埋下去，一根一根连接起来，形成长长的排水通道。这个工程完工以后，第二年科甲巷附近的居民没有遭受积水淹没院子的灾难了，因为大量的雨水都通过下水管道流走了。

多么简单易行的一个设想，这是一千多年前的古人的灵感闪现，你能说古人的脑袋瓜子不好使吗？

永陵：前蜀皇帝王建墓

被时间遗忘的帝陵

　　王建墓被正式发掘以前，没有人会相信那个东高西低的土台是前蜀皇帝王建的陵墓（现在的土台经人工修筑已呈比较规范的圆形墓冢），以前几乎所有的成都人都说，那哪儿是什么皇家陵墓嘛，那明明是司马相如和卓文君"弹琴说爱"的琴台嘛。这样的附会也不纯属子虚乌有，因为平民百姓心目中的历史装不下一个皇帝，却装得下一对浪漫的才子佳人。他们记住了司马相如和卓文君这对情侣，却忘记了那不可一世的前蜀皇帝。

　　司马相如是西汉蜀郡成都人，小名叫犬子，因为羡慕蔺相如的为人和风采，所以改名为司马相如。这个出生于成都的才子，少年时期喜欢读书舞剑，后来跑到长安去当了汉景帝的武骑常侍，也就是贴身保镖之类的小官。司马相如虽然剑术精良，但他温柔的内心其实更喜欢咏诗作赋。但汉景帝对文人的酸词不感兴趣，司马相如找不到知音，便辞了职改投到梁孝王处做宾客，但不久，喜欢诗赋的梁孝王得病死了，司马相如只好郁郁寡欢地回到成都。

　　既然司马相如做过皇上的保镖，又做过梁孝王的宾客，那么他在成都普通人的心目中就是个了不起的人物了，趋炎附势、附庸风雅的人接踵而至。这一天，邛崃县令王吉邀请司马相如到邛崃做客。邛崃相对于成都来说，是个又小又偏僻的小县城，人们听说从大地方来了名人，都争相邀请司马相如去"光临寒舍"。当时邛崃最富的人是卓王孙，他摆了一桌丰盛的家宴请司马相如前去品尝。这虽然是一次普通的宴会，但却成就千古流传的佳话，因为司马相如跟卓王孙的女儿卓文君双双私奔了。故事的原委是这样的：当时卓王孙的女儿卓文君因死了丈夫寡居在家，虽然已经嫁过了一回，但依然有闭月羞花、沉鱼落雁之貌，而且才艺也好，会弹琴会写诗。名满天下的大才子司马相如遇上这么一个出色的寡妇，岂不如干柴烈火马上要燃起来？席间司马相如弹了一曲《凤求凰》，把个卓文君迷得神魂颠倒，两人先是眉来眼去，后来就趁着夜色私奔到成都来了。

卓王孙觉得自己的掌上明珠跟人私奔，这是多丢面子的事呀，因此派人到成都去捉拿。但卓文君与司马相如恩爱得很，宁愿在成都当卖酒的酒娘，也不愿意回去过锦衣玉食的生活，卓王孙气得胡子都捋掉一把。司马相如与卓文君在成都开了一家酒店，美貌多情的卓文君笑盈盈地当街卖酒，而司马相如则穿着围裙在店内擦桌子洗盘子。遇到酒店关门，两口子就带上琴来到郊外的高台上弹奏，叮叮咚咚的琴声就像流水一样在这对恋人心间流淌。

这样的故事对于成都人来说，是既亲切又富于感染力的。人们在争相传颂这个故事的同时，自然就把三洞桥附近的那座土台当作他们二人弹琴的地方，并取了"抚琴台"这样一个优雅的名字以示纪念。

其实早在清代中叶，成都人就一直把王建墓当作抚琴台。20世纪60年代，王建墓西侧的农田中曾经出土一块石碑，碑文是"清故候选县丞朱君墓志铭"，下面一排铭文："光绪十六年五月望月遘疾，遽卒。春秋五十有三，君妻沈孺人，无子，以兄子光烈兼祧为后。十九年四月二十六日，光烈葬君于成都之西司马相如琴台之侧。"也就是说，连清光绪年间成都的候选县丞后裔都把王建墓当作抚琴台，何况一般的平民百姓。

发现之旅

王建墓的发现其实很偶然。1940年，日本鬼子的飞机飞临成都上空，投下一枚枚罪恶的炸弹。为了躲避空袭，许多成都人都越过老城墙的缺口往城外跑，当时大家认为西方是个吉祥的方位，因此有不少成都人都往城西方向跑。一群难民似的成都人拥挤在西城的田野和树林里也不是办法，因此当时的天成铁路局就受命在这一带挖防空洞。工程师到实地一察看，说就挖在这个大土台下面吧，敌机的威力再大，总不能把这个高15米、直径80余米的土包炸得底朝天吧。

开挖防空洞的工程开始以后，其中西北方向的一个洞进展最快，但是仅仅挖到四米多深，就被一面地下砖墙挡住了。这堵砖墙看起来是如此古老坚实，以至让挖洞的人感到有点手脚无措。但即使是这个时候，大家仍然认为它是琴台的遗址，而没有想到它会是王建的陵墓。消息传开以后，毕业于哈佛大学人类考古系、时任四川大学历史系教授的冯汉骥先生亲自前往察看，他用手抚摸着那些千余年前的古砖，便断定这是一座比较有规格的古墓。但当时的发掘条件还不成熟，因此仍请天成铁路局将挖好的洞填土复原。

直至1942年9月中旬（此时四川博物馆已经正式成立），发掘工作才得以进行。以冯汉骥先生为首的专业考古学家首先从原天成铁路局所挖防空洞偏西的位置开挖——此处正当北面墓壁的正中，因此很容易打通墓壁进入墓室。在清理墓壁边沿的文物时，竟然意外发现了前蜀皇帝王建的谥册，因此可以断定长期被误为司马相如抚琴台的巨大土堆为历史上有名的"永陵"。

正当考古学家们被这一巨大发现所惊喜和振奋的时候，社会上却流传出一个消息，说是王建墓内挖出了金娃娃和许多价值连城的珍宝。此消息引起了当时成都一伙袍哥地痞的关注，为了圆自己的发财梦，这帮家伙竟然于光天化日之下闯入发掘现场。这些人腰间都佩着短枪，为首一人找到冯先生要求出示"施工执照",俨然以当地的地头蛇和土皇帝自居。他们甚至把温文尔雅的冯先生捆绑起来严刑拷打,非要冯先生交出"金娃娃"。这真是秀才遇到兵,有理说不清。这伙人除了威胁之外,还在打开的墓室内四周搜寻,企图将陵墓内值钱的东西洗劫一空。幸好墓室内堆满了历代沉积下来的淤泥,匪徒们的险恶用心才没有得逞。发掘工作也因为这次意外变故而拖延了一周。

第二阶段的发掘工作从1943年3月1日开始,由于有中央研究院和中央博物院的考古学家加入,因此力量大增,发掘工作从陵墓的南北两个方向同时进行。在墓室之外,未发现与这座皇陵相匹配的墓道和其他建筑。进入墓室以后,发现室内堆满泥沙,陈设也极其凌乱,经探查发现此墓早年曾被盗墓贼光顾过,盗洞就在墓室的左上方。一群盗墓贼当时从墓顶封土掘洞而下,深度到达墓室顶部时,抽掉封墓的砖石进入墓内。当时王建墓内的陪葬品异常丰富,各种从未见过的金银珍宝把盗墓贼的眼睛都看花了,他们就像是一群突然闯进一家珠宝店的暴徒,拿的拿,抢的抢,砸的砸,末了还把王建的棺木打开,连王建身上和嘴里的珍宝也抢走了。等这番肆意的劫掠进行得差不多了,一个头目打一声呼哨,于是这伙贼人又从来时的洞口爬出去,草草用土封住洞口,一哄而散。

由于这次盗墓的时间很早,大概在王建的灵柩下葬后一两百年以内,所以上千年的雨水和泥土就顺着盗洞下沉,把原本肃穆干净的墓室弄得一片狼藉,所有的木质文物,包括木门、棺椁都全部腐烂了。从现场发掘情况来看,王建棺椁的上半部分已经被盗贼砸坏,并被掀到了石质棺床的东侧,现场已找不到王建的遗骨、头发或随身的衣物。考古学家只在凌乱的棺底淤泥中发现15公斤水银,这些用于保护王建尸骨不致腐烂的特殊物质,经长时间的存放已经变成一粒一粒的小珠。从这些残留物推测,王建的棺椁中当时放置了大量的水银和其他珍贵药物,只是因为丧心病狂的盗墓贼砸毁棺椁,抛出王建的尸骨,才使我们无缘目睹前蜀皇帝的尊容和衣饰。

《蜀梼杌》中记有一条毫不起眼的信息,或许有助于我们了解该墓被盗的时间。书中说后蜀皇帝孟知祥（当时还没有割据四川称帝）于993年2月受封为蜀王时，曾经下令维修王建墓。此时离王建下葬的时间不远，当时的皇陵建得非常雄伟，光是地面的皇家陵园建筑就给人目不暇接之感，为何突然间又要维修？解释只有一个，那就是孟知祥发现王建墓已经被盗了。

墓室中动人的雕塑

尽管盗墓贼洗劫了永陵中的珍宝，然而真正有价值的东西却被保留下来。现在看来，前蜀皇帝王建所葬之永陵，称得上是一座永恒的艺术宝库，它不仅形象地再现了唐五代音乐舞蹈的动人场面，而且表现出了高超精湛的雕刻技艺，其成就代表了前后蜀艺术发展的最高峰。

王建墓的室内结构分为前、中、后三室，每一室之间均有朱漆木门相隔，尽管木门已经腐朽了，但当初的华美是可以想见的，留下来的器物尚有鎏金兽面衔环、镂花新月饰片以及134枚金钉。前室在整个墓穴中面积最小，仅仅起通道的作用，地面的石板质地上乘，通过遗留的铭文"金水""东川"等字样，考古学家找到了这些石材的产地，即今金堂、三台一带。

中室是这座皇陵的主室，当初王建的遗骸就是搁置在这间墓室中的。承载棺木的是一个石质棺床，棺床上面除了铺设一层玉板外，还铺设了三层木阶。著名考古学家俞伟超在参观后对此现象评价道：王建的棺木椁不是二重棺，而是严格依照周礼，用的是五重棺，表现了其地位的尊贵。在棺床北端靠近后室的地方，放置了一个巨大的燃点长明灯的油缸，不知盗墓贼当初进入墓室时，那盏长明灯是否还荧荧地亮着。

在石质棺床的东、西、南三面，考古学家发现了两组异常精美的石刻。一组是抬扶棺座的十二力士雕像，这些力士的形象非常具有感染力，他们头戴盔冠，身着铠甲，腰束革带，肘和手腕上的肌肉凸起，脸上的表情似乎真的在抬一件很重的器物。王建何其有幸，死后还被这十二个石雕力士没日没夜地抬着。十二力士中，每一个力士的面部表情都不同，雕塑家真把他们剽悍勇武而又齐心合力的动态表现得纤毫毕现。考古学家们最初进入墓室时，看到力士身上的彩绘还很鲜艳，盔、冠、甲上还有十分精美的贴金。

映入考古学家眼帘的第二组石刻，是棺座四周那神采飞扬的浮雕，俗称"二十四乐伎"。浮雕的边框被花团锦簇的云彩、飞龙、鸾凤、莲花所围绕，中间就是这组浮雕的精华部分：24个远古时代的女子正在弹奏乐器或翩翩起舞，她们穿着红色的圆领上衣，裙子是杏黄色的，有的在鼓起双腮吹笛子，有的在击鼓，还有的正合着音乐的节拍载歌载舞。她们一个个身材丰腴，面目圆润，美丽动人，具有唐代美女的风范。24个美女中有22人的发髻不同，乐器总共有20种23件，既有笙、箫、笛、筝等中国传统乐器，也有羯鼓、腰鼓等少数民族乐器，甚至还有西域乐器。美妙的音乐和动人的舞蹈在地下宫室中永久地上演着。

穿过前室、中室进入后室，考古学家发现这里也有一个石质棺床，但未发现棺椁和其他的遗留物，估计王建的妻妾曾在此与他合葬过，或者先修一个棺床，等他的妻妾死后再来合葬。棺床正面的浮雕图案为二龙戏珠，左右还各刻天禄辟邪神兽，四周的纹饰也很精美。后室中最重要的发现是一尊王建本人的石雕像。在皇陵中埋葬自己的雕像，这种现象在历代皇陵中是十分罕见的。只见石雕的王建头戴幞巾，身穿常服，腰系玉带，双手合抄于袖内，好像正在饭桌边休息。史籍记载王建的长相是"隆眉广颡，龙睛虎视"，具有一副真正的帝王之相，观此石像果然如此。

璀璨的出土文物

王建墓出土的最有价值的文物包括：两副珉玉简，出土于王建石雕像击答腊鼓乐伎的左右两侧。一副是哀册，共51简，在这些温润的竹简般的玉册击答腊鼓乐伎上刻着王建的儿子王衍颂扬王建的文字，以及王建去世的时间和埋葬过程。另一副为谥册，共50简，上刻谥号，上面的文字也是为王建歌功颂德的。这两副简册上的文字异常清晰，镂刻的笔画全部敷金，在国内所发掘的帝王陵墓中，文字如此清晰完好的简册尚不多见。

此外在后室中还发现一枚谥宝。所谓谥宝，就是按照皇帝生前所使用的玉玺而特制的仿真品。王建墓所出谥宝的上半部分是白玉雕刻的兔头龙身把柄，印文为"高祖神武圣文孝德明惠皇帝谥宝"14字。据史籍记载，王建生于卯年，属兔，兔与龙的结合很贴切地反映了王建的身份。我国历代帝王陵墓中出土的谥宝非常稀少，目前仅有两枚，一枚是明十三陵万历皇帝之谥宝，另一枚即后蜀皇帝王建之谥宝，故十分珍贵。

以上谥宝谥册均被装盛在十分精美的漆器盒中，其中谥宝的漆器盒是内外两个套盒。外套盒上的描漆图案色泽光艳，富丽堂皇，绘有凤凰起舞、鸳鸯展翅等，还配有金甲神、蝶形小花等装饰图案。内层盒也有凤鸟、盘龙、金甲神等精美纹饰。谥册匣上描绘的图案有凤凰、孔雀、仙鹤等吉祥鸟相互追逐嬉戏的场面，四周镶嵌银狮24个。此外还发现一个漆制镜奁，奁上的图案为双狮戏球，四周再辅以繁复的丽春花纹。

中室发现的随葬品中，一件珍贵的玉大带最重要，这种玉大带是君王或大臣平常腰间的饰物，象征威严和权贵。作为随葬品，它应当是王建本人在宫廷中曾经佩带过的饰物，曾经有过王建的体温和手印，但现在成了冰凉的陪葬之物。玉大带上有一则铭文，忠实地记录了这条玉大带的来历：915年10月27日，王建居住的蜀王宫殿发生大火，精美的建筑很快化为灰烬。侍从们打扫劫后的余灰时，意外地发现了一块温润的宝玉，尽管大火把砖石都烧裂了，但这块宝玉却像女娲补天留下的灵物一般丝毫未损。王建于是命令工匠把这块宝玉制成玉大带，可见这不是一件寻常之物。

墓中出土的器物中还有许多雕琢精美的银器，如银钵、银盒、银猪、银搔手、银颐托、银剑鞘、金银胎漆盘等，确实具有一种皇家风范。

复原精美的皇家陵园

尽管我们现在在王建墓的地面建筑中看不到当时皇家陵园的影子，但史籍和前人的游记为我们描述过陵园的旧貌，那是一个既宏大又肃穆的皇家陵园。史籍记载说，当时前蜀有两个闻名全国的画家，一个叫赵德齐，一个叫高道兴，他们两人都曾经奉命在永陵陵庙中绘制壁画，数量多达"百余堵"。赵德齐最拿手的是绘制山水人物、车马木屋、檐台殿阁，而高道兴则擅长画佛像。两个人的密切配合，的确为王建墓的陵寝建筑增色不少。那些被绘制在蜿蜒的陵壁上的精美壁画就如同唐宋时成都大慈寺的壁画一样，成为闻名远近的"艺术墙"。

当时的王建墓四周除了层峦叠嶂的陵寝建筑，还修筑了多座大大小小的寺院和庙宇，安排有僧侣和守陵官吏对陵墓加以保护及管理。他们的任务是负责日常的祭祀供奉及园林的修葺。《蜀梼杌》就曾记载王建的儿子王衍去永陵拜扫过两次。这是一座精致的皇家陵园，地面的石阶和甬道两旁站立着高大的翁仲、石像，陵寝建筑有如宫殿一般巍峨壮观。但是到了1014年，随着改朝换代和物换星移，益州知府凌策向大宋朝廷奏请，欲将王建墓陵庙的建筑拆毁，用来重修当时成都的玉局化——玉局化是当时成都十分著名的道观——朝廷同意了益州知府的请求。于是那些雕梁画栋的木枋以及壮丽的楼阁大部分都被拆除了，剩下的地面建筑也于不久之后被大火焚毁。

1077年，宋代大诗人陆游从王建墓经过，看到的已是一片凄凉破败的景象：

> 陵阙凄凉俯旧邦，
> 恨流衮衮似长江。
> 穿残已叹金凫尽，
> 缺落空余石马双。
> 攫饭饥乌占寺鼓，

避人飞鼠上经幢。
阿和乳臭崇韬耄,
堪笑昏童束手降。

陆游看见的王建墓已经长满了荒草,原来墓道前巍然屹立排列整齐的石人石马已像人口中缺落的牙齿,稀稀拉拉,只剩下两匹石马了;饥饿的乌鸦在陵园残留的石鼓上争抢饭粒。陆游踏着荒草从陵园穿过时,许多蝙蝠从身边飞过——飞到了残破的经幢上倒挂着。这么荒凉的景象都该归咎于王建那不争气的儿子王衍,当后唐的将领李继岌和郭崇韬领兵伐蜀时,王衍也像阿斗一样乖乖地束手投降。在这首名为《后陵》的诗中,陆游还在序言里提到王建的妻子周氏的陵墓,大概当时周皇后的陵墓也建在王建墓附近。这条记载后来被考古发现所证实:

1990年5月,成都地区的考古学家在外西白果林小区发现一座建筑结构、石刻风格及棺床形制都颇似王建墓的大型石券拱墓。该墓的棺床周围也设置了四个扶棺力士像,其形态表情与雕塑手法跟王建墓如出一辙。而且此墓所用大型墓砖,也跟王建墓所用墓砖在规格上大体相似。清理中发现汉白玉哀册残片两片,铭文有"柔姿"二字,这或许是周皇后的名字也未可知。因为古代哀册的颂赐只有皇后才配享受,所以判断该墓为王建妻周皇后墓应该是正确的。

虽然王建墓壮丽的陵寝建筑现已荡然无存,但陵园范围内零星的发现还是可以令人想见当时的辉煌。比如,1971年,就在永陵西南约400米处的原成都青羊皮鞋厂掘出一石人。此石雕像高3.2米,重数吨,石质是很好的青石。该石人为文官俑,其神情肃穆,为佩剑执笏状,其造型风格与唐五代同类石雕相近,这应当是永陵神道前的原物。想当初,这样大型的石人石马是成双成对排列在王建墓前的,然而岁月无情地改变了旧有的格局,空留下苍凉的回忆供人们凭吊。

和陵：后蜀皇帝孟知祥墓

一座皇陵的意外发现

在成都北郊约 7 公里的磨盘山南麓，相传有一座古代窑址。那依山而筑的窑包似的土堆向人们昭示着这里是前人曾经活动过的遗迹，但是当时没人能够料到这是后蜀皇帝孟知祥的墓，因为时间太久远了，皇陵的应有风范早已荡然无存，就像王建墓先前被误为司马相如抚琴台一样。

1970 年冬天，凛冽的寒风吹刮着遗址上面的荒草和枯枝，当地农民趁农闲季节在此改土造田。当他们把窑包的前端夷平后，发现坚实的泥土里露出了排列整齐的大青石，这些石头经石灰黏合剂黏合以后显得异常紧密，人们猜测这可能是一座大型古墓。次年春天，四川省博物馆的考古学家前往发掘，根据墓葬外观形制，考古学家最初判断这是一座明墓。

表面的浮土被逐渐挖开后，考古学家们发现了依山而筑的 22 级台阶，全长达 12.5 米，这些台阶的石质为青石，质地上乘。台阶顶端即为墓门前的甬道。墓门为牌楼式建筑结构，屋脊和彩枋上均浮雕有十分精美的龙凤等图案，牌楼的内侧两壁是一组彩绘宫人壁画，壁画的风格跟王建墓壁画十分接近，男女宫人的形象还保持着唐代余韵，衣饰飘逸，人物形象丰腴健康。在墓门的两侧，有两个身高 1.1 米的石雕武士把守，东边的武士手执利剑，西边的武士握着斧头，威武的神态令人想起民间绘画中的门神。

进入墓室的门有两道，一道是石闸门，高 1.6 米、宽 2.65 米、厚

0.22米,十分坚固。第二道门是双扇石门,也十分沉重牢固。当考古学家看见双扇石门上一尺多长的牛尾铁锁被砸烂,且西扇石门上有一个可以供人出入的洞口时,知道该墓早年已经被盗。进入墓室以后,在主室穹顶西北隅还发现一个盗洞,看来此墓被盗的次数不止一次。

经过清理,在所剩无几的遗物中发现了孟知祥的玉册残简和福庆长公主的墓志铭,这才确认该墓为后蜀皇帝孟知祥夫妇合葬墓(史称"和陵")。孟知祥(874—934年)是今河北邢台人,后唐昭宗灭掉前蜀后,即派孟知祥为剑南地区的节度副使。孟知祥入蜀以后,认为蜀地具备小朝廷的客观条件,因而于934年正月在成都称帝,国号蜀(史称后蜀)。考古学家们发现该墓以后,联想到20世纪40年代前蜀皇帝王建墓的发现,都感到前后蜀的历史快要被考古资料复活了。

墓室中的秘密

孟知祥墓的墓室结构跟王建墓很相像,即由一个主室和两个耳室组成。主室是青石叠砌的圆锥形穹窿顶结构,整个墓顶像一个撑开的帐篷,高8.16米,直径6.5米。放置棺椁的青石棺台陈列于墓室正中,长5.1米、宽2.75米、高2.1米。根据合葬墓的特点分析,当初孟知祥的棺椁和他夫人福庆长公主的棺椁就并排陈列于这个高台之上,把世间的恩爱带到了九泉之下。棺台的底座四周绘满华丽的莲瓣浮雕,并且也有四个裸身卷发的力士雕像用力抬扶着棺座。看见这四个力士,令人想起王建墓棺床四周的十二力士。中层棺台的四角也有四个身着甲胄的武士,这些力士、武士均做出跪地负棺的样子,面部表情无一相同。最上层的棺台四面则镌刻着活灵活现的双龙戏珠浮雕。

虽然未发现孟知祥和福庆长公主的棺椁和尸骨,但考古学家在棺床中层的前后左右各发现一个长方形凿孔,联想到墓顶四角也有四个小铁柄正对棺床四角,因而考古学家推测它们是用来张挂罩棺锦帐的。可以想见,当初盗墓贼进入孟知祥墓中时,他们会看见粉红色的厚重帏幔,透过这些用最好的蜀锦绣织的帏幔,孟知祥的棺椁和福庆长公主的棺椁隐隐约约地呈现出来,这是两具朱漆描彩并饰以金钉金皮的超级豪华棺木。在阴森而寂静的墓室中,这些盗墓贼犹如置身无人的宫殿中,劫掠的野心和残暴的性情使他们莫名地激动起来,他们眼中闪烁着蓝幽幽的冷光,然后就像一群饥饿的狼扑向那两具贵重的棺材。由于锦帐的阻挠,有的人被蒙住了头,有的人被软软的丝织物绊倒了。最后他们用斧子把两具棺材劈开,并且把孟知祥和福庆长公主的尸体拖出来,抢劫他们脖子上、手腕上以及棺椁内的金银珠宝。有经验的盗墓贼还撬开孟知祥和福庆长公主的嘴巴,把两颗硕大的夜明珠掏出来。经过洗劫的墓室变得一片狼藉。

考古学家在墓室西面发现一口直径60厘米的石质油缸。同时在棺床上,还发现了福庆长公主的墓志铭和孟知祥的玉册,由于盗墓贼的疯狂扰乱,那些竹简般的玉册已经被拆乱打碎。根据残存的玉册,仅能辨认和拼接出如下文字:"惟明德元年岁在甲午秋七日""大行皇帝""嗣皇帝昶触地""和陵礼也呜呼哀哉"等。看来,也是一些记述孟知祥生平事迹、埋葬经过以及后人哀悼的文字。

在主室的左右两侧还有两间耳室,各有门与主室相通,估计这两道门也是像王建墓那样的饰有金钉的木门。耳室主要是用来放置殉葬品的,想当初这两间墓室一定堆满了各式各样珍贵的随葬器物,但现在空荡荡的耳室内只剩下少许瓷器的残片,极其凄凉。两间耳室所铺设的青石板规格统一,都是长1.7米、宽1米、厚0.35米的上好石材,有些石材上还刻有制作的地点、时间及尺寸大小等铭文,如"西川""武信""资阳""绵竹""金水""七月一日""长五尺""宽三尺""厚一尺"等字样,看来这是当时各州县向陵墓修建机构进贡石材时刻下的。

王建墓和孟知祥墓的相继发现,对于研究五代时期成都地区的政治、经济、文化、艺术史都是不可多得的第一手材料。历史的讽刺意义在于,这两位在蜀宫中过着奢华生活的帝王,梦想在地下延续他们千年不灭的帝王梦,但是最终他们的尸骨都化为腐朽,唯有棺床四周勇武而不知疲倦的力士以及壁画上的歌伎宫女们得以永存。

宋元时期：精美的窖藏与和谐的人伦

被窖藏的金银器

精美绝伦的地下发现

1996年4月,彭州市西大街在建筑过程中发现一处砖砌窖藏,成都市文物考古研究所及彭州市博物馆的考古学家赓即赶往现场,对其进行抢救性发掘。考古学家在现场看到,这是一个砖砌的地窖,长约1.2米、宽约0.19米,根据青砖的制作工艺及形制,估计这是一处宋代窖藏。那么这个被密封得严严实实的地窖中会埋藏着什么东西呢?是当时的钱币、佛教石刻,还是其他的珍贵物品?

考古学家们小心翼翼地揭开地窖上面覆盖的红砂石板。红砂石板共三块,当最后一块石板被挪开时,考古学家们看见银色和金色的光芒从地窖中射出来。定睛细看,原来地下窖藏着满满一坑宋代的金器和银器。这些距今已有近千年的金银制品经过漫长时间的地下埋藏,仍然散发出光洁如新的柔和光亮,仿佛是刚刚从博物架上搬下来的。这批金银器皿大多是实用的日常生活用品,包括金碗、金盏、金杯、金钗以及各类银壶、银瓶、银盏、银杯、银碗、银茶托、银盘、银器盖等,均按器物大小叠放于窖坑内,大件的器皿搁置在最底部,小器皿则叠放于大器皿内,层层叠叠垒于窖坑中。经过清理,共出土银器323件、金器27件。如此数量众多、造型精美的宋代金银器在成都地区发现尚属首次。

从这批金银器上的铭文看,它们绝大部分产于南方,其中有相当一部分就产自四川,有官家金银作坊生产的,也有民间制作的精品。值得注意的是，器物上的铭文显示绝大多数的器皿属于一个姓"董"的家族，而少量的器物属于一个姓"齐"的家族。很显然这是两个官宦或有钱人家，这些被窖藏的金银器皿当初就摆放在这两个家族的餐桌上。仆人会捧着那个精致的银茶托给主人送上一碗热茶，就像《红楼梦》中的丫鬟给贾母或王熙凤敬茶一样。还有那支空心的金钗，不知当时是插在董家小姐还是齐家太太的发髻上？仔细品味那支金钗，似乎能闻到脂粉的香味和女性头发所特有的清香。还有那把凤头形盖的银执壶，当初两大家族一定用它温过酒，款待过前来做客的贵宾。各式各样制作精良的金银器皿装着美味佳肴，陈列在一张古老的八仙桌上，太太小姐们热热闹闹地围坐着，举起银质的筷子享受一日三餐。下人和奴仆们在清洗完这些珍贵的器皿后，会用纱布把它们揩拭得干干净净，然后安放在碧纱橱里，像文物一样陈列起来。

也许这就是这批金银器皿在下窖前的样子。至于董家和齐家这两个家族是何关系？是官场上的朋友，还是有姻亲关系的"亲家"？现在已无法弄清楚了。那么，是何原因使得董家和齐家要把这些金银窖藏在地下呢？最大的可能性是由于战争。宋元之际，是南宋和北方的蒙古人对中原大地展开激烈争夺的时期，战火长达数十年，尤其是成都地区的宋蒙（元）战争尤为惨烈。当战火接近成都时，也许董家和齐家这两个在当地享有威望的家族正打算逃难呢。他们把细软和金银货币都带在身上，而把这批不便于携带的金银器皿都窖藏起来，以便等到战争结束之后，再回到故乡挖掘出这批器皿。可以想见那是一个月黑风高之夜，窖藏的行为是在秘密状态下进行的。

董家和齐家梦想着重返故乡，然而他们走后却一直没有回来过，这一坑精美的窖藏就这样静静地长眠在地下，直到现在才又重见天日。

每一件都是珍贵的器皿

这批近千年前的家庭日用器皿在当初一定是平常的，不过是用来盛盛菜、温温酒、装装莲子羹，然而对于现代的人来说，它们却是如此的珍贵和稀少，以至于我们可以把它当艺术品看待。审视每一件器皿那繁复的花纹、柔和的光泽、美观的造型，是一种享受。

金质菊花形碗　这种形状的碗一共出土两件。碗的整体花纹被锤揲成盛开的菊花形状，碗底是喇叭形的。精妙处在于碗底的内心，被制作成凸起的圆形花蕊，这颗隐而不现的花蕊就像是树枝上的花朵一样支撑着碗体硕大的花朵。碗底花蕊外围还饰有一圈花瓣，瓣上刻画的叶脉纹路清晰可见。碗的口沿有 32 曲，每一曲叫人想起一片菊花的花瓣。碗体和碗底当初是被焊接在一起的，焊口连接处的痕迹比较明显。

金质五曲葵口盏　这只金盏的外形像一朵盛开的向日葵，盏壁被"S"形的葵花瓣分成相互叠压的五瓣。碗底呈喇叭形，碗底内部也如菊花形金碗一样凸现一个花蕊，花蕊向四周绽放形成一朵五瓣花。碗的内壁饰有五片葵叶，叶身瘦长，叶子上的纹脉异常清晰。这只金盏在制作时，也是先做好碗体和碗底，然后再通过高温把它们焊接在一起。

金质瓜形盏　这种罕见的瓜形盏共出土两件，形状完全相同。它的外观看起来就像一只横躺着的瓜，整体呈五棱瓜形，每一棱中描绘着鱼纹卷草图案，尤为雅致清新。瓜的一端有一枝扭拧一圈的瓜藤，另一端为凸起的瓜蒂，瓜蒂上饰有小碎点纹，瓜蒂四周则是五瓣叶片。通体磨光，金光灿灿，真如秋天里一只熟透了的瓜。

金高圈足杯　这只金杯比上述金质的碗盏更深，虽然花纹没有上述碗盏精美，但杯身外壁铭刻一个吉祥的"吉"字，让人联想起寿比南山、吉祥如意等中国传统的幸福观。

金质六曲葵口圆底杯　外观呈葵花形，整体分为匀称的六瓣。考古学家在清理时，发现杯底有一行用毛笔书写的蝇头小楷，大约是当初主人窖藏这批器皿时作的记号，可惜字迹已经模糊，仅能辨出一个住宅的"宅"字。

金钗　一共出土 19 件。可以想见当初董家和齐家人口很多，妻妾成群，否则哪里用得上那么多值钱的金钗呢？钗又分成实心和空心的两种。实心金钗共 18 件，外观呈"U"形，按钗头形状又可分为方头钗和圆头钗两种。其制作方法为：先将一根长的金条弯曲对折，形成分开的两叉，然后再在两叉上拉丝成形。钗头钗尾的铭文通过辨识有以下一些："张十二郎记""汪家造十分""何十三郎记""王家十分"等。"张十二郎记"与"何十三郎记"应是打造金钗的店家的标志，既是店家名，又是店主人的姓名排行标志。其余如汪家造、王家造也是店家名号的标志，"十分"则指这钗是由十足真金打造的，并非糙金假货。空心钗的纹饰要比实心钗华丽，制作也更为精美，不但钗头有葵花形盖，而且钗身还饰有牡丹、莲花、桃花等花枝图案。这种空心钗的制作方法是先将金块捶揲成金皮，然后再卷成筒状进行折叠弯曲，钗头及钗身的花纹采用高浮雕技法雕镂而成。

金簪　共出土一支。簪头雕饰有一周联珠纹，内饰缠枝牡丹花；簪身用碎点纹连成卷云纹两朵。簪身有一行铭文，但现已无法辨认。

银质如意云纹梅瓶　共出土两件。小口、大腹、小底、瘦高，跟一般的花瓶没什么大的差异，通身饰满如意云纹，散发着银器器皿特有的柔和而亲切的光晕。口唇部位是用一根细细的银条焊接而成，瓶底和瓶身也是事先制作好，然后焊接到一块儿。该瓶口部刻有一个"董"字，瓶口瓶底的其他铭文已无法辨识。

银质凤鸟纹梅瓶　共出土两件。小口、直颈、圆肩，深腹向下斜收形成瓶底。该瓶颈部以下饰满凤鸟和云气纹，曲颈向上的凤鸟展翅作凌空飞舞状，该瓶唇部也是用一根细银条焊接而成。瓶底刻有"周家十分，君口置"几字，说明这只银瓶是一个姓周的银器店所制造的。

银口壶　共出土4件。直颈、鼓腹、圆底，喇叭形高足圈，通身未雕饰花纹图案。在壶的底部，考古学家发现两个清晰的"董"字，表明这件器皿以前属于一个姓董的人家所有。

银撇口壶　共出土8件。这种形制的撇口壶上部开口要比直口壶更大更敞，瓶颈长束，通身光素，没有饰纹；瓶的外表以前曾鎏过金，虽经磨损但仍看得很清楚。瓶底的铭文为"董宅"二字。

银瓜棱壶　这种壶的腹部被制作成凸鼓的瓜棱形状，壶体较沉重。壶底外壁和壶底内皆镌刻"吉庆号"三字，表明该瓜棱壶为一个叫"吉庆号"的金银店所生产。

银凤头型盖执壶　共出土8件。壶盖是凤凰头形状，钩喙长冠，凤头上饰满卷纹和圆点纹，凤头以下则饰飘逸的羽毛，并且鎏了厚厚的一层金。器身上同样饰满凤鸟纹和缠枝花纹，腹部也饰一对凤鸟，展翅飞翔于花丛之中。这件银执壶制作得相当精美，工艺水平甚高，壶身铭文较多，反映出制作者对这件器皿十分重视。可辨识的铭文有"王家十分""楠溪""裙银"等，不但表明了这件银器的制作店铺，还记载了银子的来源。

银象盖执壶　壶盖似一朵盛开的莲花，莲花上站立一只垂鼻奋耳的大象。该器的纹饰有四组：第一组在颈部，是卷草纹；第二组在肩部，是变形兽面纹和朵云纹；第三组在腹上部，是双龙戏珠图；第四组在底部圈足，也是如壶颈饰的卷草纹。壶身连接一个弯曲的把柄和一细长的壶嘴，壶身铭文可见"罗祖一郎"等字样。

银碗　共出土22件。种类有斗笠碗、莲瓣纹碗、弧腹碗等。其中的斗笠碗为大敞口，斜直腹，小平底，碗底铭文可见"行父"二字，表面曾鎏过金。莲瓣纹碗外观如一朵盛开的莲花，碗外壁外凸，内壁则依照莲瓣形状凹收，莲瓣与口沿之间饰满鱼子纹和碎线纹。

银杯　共出土50件。其中的蟠螭纹夹层杯外饰两条蜿蜒的蟠螭：一条横身爬于杯腹，昂首向上，前爪攀住杯沿，头伸于杯口之中；另一条横爬于杯腹上。蟠螭的形状与龙相类，其造型都是高浮雕，雕像逼真，活灵活现，欲腾空飞去。

银盏　共出土22件。有八角盏、龟状荷叶纹盏、菱形花口盏、六曲葵口盏等样式。菱形花口盏外观呈6个花瓣形，瓣尖从盏口处微微外撇，盏内底部凸饰一朵相互叠压的六瓣花。银盏全身鎏金，在盏足外壁可见清晰的铭文"史氏妆奁"四字，说明这件银器曾经是一个姓史的人家嫁女时的陪奁。

银温碗　共出土8件。其中的凤鸟纹温碗尤为精美，碗身饰满莲花、葵花、菊花等多种吉祥花卉，有两只凤凰展翅飞翔，嬉戏于花丛中。

此外尚出土有银盆、银盘、银茶托、银熏炉、银唾盂等器皿，有的鎏金，有的镀金，整个的制作工艺相当考究。这些金银器皿陈列出来，一个古代大户人家豪华奢侈的生活场面就被复原了。拿这些器皿同古蜀时期的礼仪性用品相比，它们更富于人间烟火味，与陶器、玉器等易碎器皿相比，更富于实用性，这说明人们对日用品质地和材料的选用已经进入了一个新的阶段。

成都地区的宋代夫妇合葬墓

恩爱的长眠

成都地区的两宋墓数量大，其分布主要集中在川西成都平原及附近的丘陵地区，这些小型的砖室券拱墓像平原上的普通民居一样常见，至今已发掘数百座，且不包括未发掘或已经被破坏的墓。那个时期最流行的丧葬方式是夫妇合葬，合葬墓的比例占已发掘的成都宋墓的70%，可见夫妻合葬墓在宋代的成都特别流行。

一般的宋墓都是小型的砖室券拱墓，长在两米左右，宽度大约只有几十厘米，墓坑一般都是用34×17×3.5（厘米）的青色素砖镶砌。墓的正中凸起一个仅有几厘米高的尸台，尸台与墓壁之间是两条狭长的砖槽。这样的"小房子"是成都宋代墓葬的标准格式，仿佛有一个设计师在专门设计这类墓葬似的。

宋代的夫妇们死去被埋葬在这些小砖墓里，当然不是被埋在同一个坑穴中，而是采取"同坟异室"的埋葬方式，也就是说是在同一个坟墓之内，但不在同一个穴中。这样的双室合葬墓两个棺室大小一样，就像两张小床或两床被子一样，夫妇俩素面朝天并排躺在双室墓的尸台上，中间只隔一堵墙，看起来有一种居家的温馨。宋代成都丧葬的特点是不用棺椁，而是给死者穿好衣服，让他们平躺在狭小的墓室里。夫妇俩躺在尸台上，就跟他们平时在家里睡觉一样。有的夫妇合葬墓还在两个墓室之间的隔墙上开有小洞，有的考古学家称该洞为"孝顺孔"，但这样的名称显然不够准确。作为夫妻来说,"在天愿做比翼鸟,在地愿为连理枝""不求同年同月同日生,但求同年同月同日死",在世时相互关爱,共同维护一个家庭的发展,死后被安葬在一起时,不是一种下辈对上辈的孝顺关系,而是一种平等的恩爱关系。因此隔墙上的孔一定是使他们魂魄或心灵沟通的一个孔道,这是墓室建造者的灵感闪现和满怀关爱的即兴手笔。

夫妻俩瞑目躺在成都平原的地下墓室中,保持着男左女右的方位(男左女右的排列方法在宋代就已经出现),而且两个墓室中的随葬品几乎是一样的,一般都有一对陶三彩的武士俑站在尸台前面,武士俑的后面又跟着一只陶鸡、一只陶狗。在鸡和狗的后面则是各种三彩人俑、异形俑。异形俑中以人首蛇身俑、人面鸡身俑、侧卧俑、匍匐俑、坐俑、独脚兽俑最为常见,而且是成双成对地加以摆放。此外还有钱币、铜镜等小型的随葬品。夫妇二人的随葬物品就跟他们对于家庭财产的拥有一样,保持着一种表面平等的关系,这说明宋代的成都百姓已经注意到夫妻平等的问题了。

夫妻合葬墓的建造是同时将两个墓室都造好,该情形与现今公墓的双穴墓相一致,谁先死谁先入葬,男子被葬于左侧,女子被葬于右侧。成都平原发现的宋墓大多为平民百姓的墓葬,那些长眠于地下的夫妇在生时曾在附近的农田里劳动,保持着男耕女织或"你挑水来我浇园"的传统生活方式,这种长期不变的生活传统正是人类生活朴实温馨的表现。宋墓中较大的墓葬也有发现,那是一些官吏或富贵人家的墓穴,他们的安葬方式也与平民百姓相似,同样以夫妇合葬墓居多。

买下的坟地

成都地区的宋墓中绝大多数随葬品中都有一块"买地券",它是用红砂石雕刻的,是一种买地的契约,证明这块坟地已经被死者的后裔买下来,是买地券私产。上面的文字往往记载买地的时间及买卖双方的姓名。一般在合葬墓中，两个墓室均出土有买地券，有的家庭为了使买地券的位置更加明显，甚至把它们像碑石一样竖立在墓门处。观察这些具有日常生活情趣的墓葬，考古学家还发现一个有趣的现象，即有的合葬墓中只有女子的墓室中有买地券，而男子的墓室中没有买地券，如绵阳平政桥宋墓姚氏地券就称：姚氏买下的柏下乡墓田二所，都属于姚氏所有。这说明宋代男女双方在土地买卖上具有平等的权利，妇女对家庭财产具有独立的支配权。宋代范仲淹制定的《义庄规矩》就规定，家族中妇女出嫁时可以分得包括土地、屋业、山园等财产作陪嫁，改嫁时仍然属于本人所有，也可以就地典当。《夷坚志》中有一则记载，说王八郎跟他的妻子闹离婚，地方官员出面裁决，裁决的结果是把家产一分为二，男女各一半。这些事实说明宋代社会有一种比较开明的风气，某些女子在社会生活中具有跟男子相同的地位。这种社会风气的形成一方面跟宋代理学的兴起有关系，同时也和唐代武则天大力提高女子的社会地位有关。

　　同时成都宋代墓葬还有一个特点，那就是深受道家文化与"冥文化"的影响，人们在墓室中几乎看不到什么日常生活用品，而代表冥府及驱魔镇妖的器物倒很多，比如各种各样的镇墓真文、敕告文、八卦图等。这些具有特殊意义的文字有的被阴刻在红砂石上，有的干脆就刻在黄泥上烧制而成，显得简陋而朴素。

　　要详细地了解宋代成都墓葬所蕴含的冥文化，只要认真地观察一个墓室就够了。这里以1991年3月在成都科技大学医院工地发现的一宋墓为例。这也是一座合葬墓，男主人随葬的数十件物品中，除了少量的钱币和一面铜镜外，几乎找不到瓷碟之类的日常生活用品，余下的全是神怪俑和石刻的道教文字。仅有的一只瓷碟也可能是用来点灯驱鬼的，大概宋人认为，死者在阴间游走时两目茫茫，只有"长明灯"才能照亮那漫长而没有尽头的阴间之路。即便是铜镜也可视为"照妖镜"。在各种神奇古怪的陶俑后面，是四道石刻的镇墓真文，真文上面还有天帝敕告文，这些文字皆以阴文刻写。敕告文的四面还刻上青龙、白虎、朱雀、玄武四神的名字。镇墓文的八方还刻有八卦卦相。

这一时期的丧葬习俗已不讲究事死如生，人们宁肯享受阴间的清冷，宁愿不用棺椁，宁愿不要平时的生活用品和豪华设施，也要把道家以及神怪的东西聚拢。此时的人们相信，人死后是到阴曹地府受苦，而不是快乐地升天。因此一进墓室人们看见的阴森恐怖景象是：武士俑和各种神怪俑都极力做出和鬼怪拼杀的样子，尤其是站在陈尸台前手执利斧的武士俑形象令人震颤。民间称之为"吞口"的独脚兽俑，正张着血盆大口威胁前来侵犯的小鬼。牛头人身俑则是冥府狱卒的化身，有了他的保护，就可以免除下油锅、吞热铁等地狱酷刑……总之，成都宋墓中的陶俑都不是一般意义上的男女仆侍俑、仪仗俑、观赏俑，而是冥文化在人们心目中的重现和再造。

宋代的丧葬文化在成都形成了极为规范的模式，大量的神怪俑从琉璃厂窑被烧制出来，陈列在商店内，供举办丧事的人家选购。当时，修筑坟墓的青砖也是统一制造的，专门有一批人在从事丧葬物品的经营，丧葬经济在宋代的成都显得十分活跃。

提倡火葬的时代

在已发掘的成都宋墓中，火葬墓的比例比较大，这是一个十分奇特的现象。一般的非火葬墓不用葬具，而是将人的尸骨平放在铺了一层麻布的尸床上，墓室的长度均超过尸体的长度。而火葬墓则相对较小，长宽度均在1米之内，也为长方形砖室墓。骨灰用一只陶罐装盛，置于墓室中部，陶罐四周再放上几枚铜钱。墓的底部还修筑一个砖砌的腰坑，坑内放置一两个双耳陶罐或四耳陶罐，罐的周围还放置四五个黄泥捏制的小耳杯，耳杯中再放佛手、兽头等模型。这种类型的火葬墓在成都郊县特别多，看起来是当时流行的一种葬俗。

为什么火葬会在宋代的成都流行呢？其中原因大致有两个：一是出于某种宗教信仰，死者相信火化可以使灵魂得到超生；二是从节约土地的角度出发。第一种原因的可能性较大，因为自佛教传入中国以后，许多寺庙的僧侣死后都用火葬的方法处理肉身，民间有佛教信仰的人会逐渐接受这种丧葬方式。虽然宋朝官府反对火葬，认为这跟中国传统的礼俗相冲突，曾三令五申地加以禁止，但民间仍然私下流行火葬，官府也没办法。徐苹芳先生《宋元时期的火葬》一文曾经论及当时两种火葬方式：一种是焚尸后抛骨灰于水中，不营墓穴，这对处于地狭人多的成都平原之贫下户是再合适不过的了，这种方式最省地，最省财；另一种是焚尸后将骨灰营墓埋葬，我们今天见到的火葬墓就属于这一种，当时有许多官僚地主都采用这种方式火葬。这种方式的火葬并不省地，也不省财，只有官僚地主和"主户"才有可能采用，贫无立锥之地的"客户"是没有这个能力的。换句话说，还有许多被火葬的成都穷人没有留下他们的骨灰，而是把它洒在他们劳动生息过的土地上了。

倘若宋代成都人的丧葬观念真有如此"先进"的话，那么现在的人也要自愧弗如了。既然宋代成都参与火葬的人数众多，那么当时一定有专门用于火化尸体的"火葬场"存在。单家单户的堆薪焚烧不可能。鉴于政府当时禁止火葬，那么由政府主办的火葬场也不可能存在，唯一的可能是当时的寺院承接了这项业务。寺院本身要焚烧僧人的肉身，如果接纳一般的平民百姓的火化，不但可以增加寺院的收入，而且可以吸收更多的人参与到宗教信仰的行列中来。

如果没有这些神奇的地下发现，宋代成都人的某些生活习俗我们将无法了解，这些真实而鲜活的民间礼俗是文献所不记载的，只有通过考古发掘和清理，我们才能复原当时的社会风俗的某些部分，更进一步了解古人的真实生活。

不灭的火焰：青羊宫与琉璃厂窑址

成都地区的古代窑址中，以青羊宫窑和琉璃厂窑规模最大，也最为著名，考古学家在大量的地下发现中，曾经见到不少由这两座窑烧制的器物，都感到十分亲切。窑址的功能除了满足皇家或平民的葬器（如俑和各类冥器）之外，更多的是用来满足人们日常生活的需要，在铁器、金银及塑料制品尚不十分普及的时代，通过烧窑的方式生产的陶瓷器就具有不可替代的重要价值。

青羊宫窑

青羊宫窑发现于20世纪50年代，因其窑址集中于成都西城通惠门外青羊宫附近而得名，是秦汉至唐代中期的"川西名窑"。20世纪80年代中期，成都地区的考古学家对该窑址进行了大面积发掘，发掘面积达两千多平方米，找到了青羊宫窑址的窑炉区、作坊区和废品堆积区。通过对这些地下遗存及瓷器残片或半成品的分析，我们已经有足够的把握复原这座古窑当年火焰熊熊、人声鼎沸的场面。

这次勘探和发掘共发现窑炉12座，它们是当初用来烧制陶瓷器的炉子，分别由火膛、窑床和烟道三部分组成。这些窑炉从类型上可分成直焰馒头窑、平焰馒头窑和龙窑三种。前两种的年代较早，造型比较原始；而龙窑的年代相对要晚些，其容量更大，温度更高，烧制瓷器时龙窑炉内的温度可以达到一千多摄氏度。根据青羊宫出土龙窑的残迹进行分析，它的总长度约为15米，炉壁和火膛均用厚重的青砖砌成。现场能够看到窑床上因长年高温烧灼留下的一层"痂"，窑床底部向火的一面也有厚约10厘米的烧结硬面，就像一个长期从事手工劳动的人手上留下的硬胼。同时在火膛内还发现大量的窑具和青瓷碎片，这些碎片大多是瓷器在重叠烧灼的过程中垮塌而打成碎片的。

可以想象，汉唐时期的成都烧窑工匠静静地坐在炉前烧窑，熊熊的火光映红了他们的脸膛。这些工匠都是经过专门学习的，同时还具有丰富的实践经验，能够很好地把握火候和控制火力的大小，经他们料理烧出的瓷器能达到理想的效果。而没有实践经验的人，大多不了解火焰、温度与瓷器品质的关系，就像烧火做饭一样，有的人烧出的饭很香，有的人却把饭煮成夹生饭或干脆烧成焦煳状。

窑炉区有着长年不熄的熊熊火焰和滚滚浓烟。从现场遗留的燃料看，这座古窑当时是使用竹木作为燃料的，火膛前有堆积如山的干木头、干竹子。可能当时青羊宫窑还专门设置了收购竹木燃料的机构，否则无法满足几十上百座窑的燃料需要量。从大量的窑具以及产品与产品的黏结情况来看，青羊宫瓷器的烧制大多采用无匣钵的"叠烧法"，也就是把做好的瓷器坯胎一件一件重叠在窑膛内，经过密封处理后，再进行烧制。小件器物的烧制一般采用"匣钵装烧法"，即将瓷坯放入一个圆筒状的耐火器物重叠起来烧制；而大型的瓷器只能采用叠烧法，即根据器物的大小，在每一层瓷器中用支钉分开一定的空隙，便于透气，同时也避免瓷坯相互叠压造成破损。装窑的师傅小心翼翼地把一件件瓷坯叠放好，层与层之间用三齿到七齿不等的支钉支撑着，满满一窑尚未烧制的瓷器像一堆蘑菇一样陈列在窑膛中。支钉的痕迹从出土器物中可以看得一清二楚，比如盘口壶的盘口内就多留有规整的支钉疤痕，有的上了釉的瓷器底也可见支钉疤痕，它们是在烧制的过程中留下的。

作坊区是用来加工陶瓷坯子的地方，发掘清理中发现了拌泥池、拉坯操作台、陶水缸、八角砖井以及砖砌的水沟、水槽等。用作烧瓷的泥土先在拌泥池中搅拌。古人根据不同品质瓷的要求，可能加入不同的泥巴共同搅拌，使其软硬适度，富有黏性。现场化验的结果是，拌泥池中有一种红色水层岩磨制后沉淀的石浆，这种石浆含有铁的成分，能使瓷器的质地更加坚硬刚脆。泥土拌好之后，就被搬到拉坯台上制作成瓷器毛坯。拉坯台上摆放着各种各样的陶瓷模具，有的是手动的，有的是脚踩的。制陶工人穿着棉布的围裙坐在拉坯台前，把一块块泥土做成器物，他们干得非常认真、投入，像艺术家一样。

　　作坊区发掘出的瓷器半成品或陶片有以下两种：一是生活用品，如碗、盘、壶、罐、杯、盅、钵、盆、炉、瓮、盏、粉盒、瓶等；二是文具，主要有砚台和笔洗等。做好的瓷坯被晾干以后，经过打磨，就可以在体表抹上一层均匀的白色化妆土，然后抹釉开烧。青羊宫瓷器的上釉方法有两种：一种是把器物倒过来，用手抓住器物的底部，将整个器物浸入釉水中，称之为"蘸釉法"；另一种是用刷子往器物身上直接刷釉，称为"刷釉法"。从窑址出土的大量瓷片来看，当时流行的釉色主要有豆青、青灰、青黄、青绿、黄灰、黄白、姜黄、酱黄、酱青等。尚未上釉的瓷坯本色大致有灰、灰白、黄、黄白、砖红、紫红、淡红等颜色。

　　瓷器作为比较贵重的物品，其外观纹彩和装饰是很重要的。总结青羊宫窑址所出瓷器纹饰，主要有弦纹、竹节纹、朵云纹、莲瓣纹、草叶纹、圆圈连珠纹、卷叶纹、龙纹、佛教人物故事以及釉下斑彩、彩绘等。可谓是繁花似锦、多姿多彩。有的瓷器釉下彩绘图案非常漂亮，这种彩绘是在器物上釉以前，用饱蘸颜料的笔在瓷坯上绘制出来的。从事这道工序的人都是有一定艺术修养的民间画师，每一次彩绘都是一次创作。尽管彩绘的过程也许是大量重复的过程，但它真实地传达了大众的审美情趣。

　　青羊宫窑址出土的最有价值的瓷器是"三彩器"，这种经过一次高温烧成的釉下三彩标志着釉色使用上的重大突破，它甚至比"邛三彩"（邛崃什方堂窑烧制的釉下三彩）还要早。

　　青羊宫窑址最兴盛的时期是南朝至唐代这几百年的时间，那时候一批批尚未冷却的精美瓷器从窑膛里被搬运出来，工人们用水和纱布去除瓷器上的烟垢以后，这些新烧的瓷器在阳光下泛出明丽的光彩。然后，它们被送往市内的专卖店销售，或装入"集装箱"送往各地的瓷器店。当然也有因某种原因烧坏的瓷器，比如火不均匀或者没有达到应有的高温，这部分瓷器会被降价处理；还有的瓷器因在窑膛内挤压破碎，那么它们会被成筐成筐地扔进废品堆积区内，等待着以后的考古学家把它们发掘出来。

到了唐代中期以后，青羊宫窑业明显地衰落了。许多身怀绝技的工匠们不得不与他们的手艺告别，改行去当农民或做小买卖，眼睁睁地看着窑炉慢慢冷却下来。烟囱不再冒烟了，过去热火朝天的作坊现在落满了鸟粪，杂草从拌泥池和瓷片堆中生长出来……是什么力量使得一个数百年的老窑衰败了？分析个中原因，可能有以下几个方面：

一是新兴的瓷窑在成都平原不断涌现，如华阳的琉璃厂窑、都江堰的玉堂窑、郫县的大坟包窑，以及邛崃的什方堂窑。尤其是邛窑生产的陶瓷具有很强的市场竞争力，其产品精美实用，赢得了很大的市场份额，比如著名的新产品"省油灯"的推出，就受到千家万户的欢迎。这种能够节省燃油的陶灯在四川地区多有出土，而青羊宫窑的产品则比较古旧和传统，跟不上时代发展的步伐。

二是外地陶瓷产品大量拥入成都市场，给了青羊宫窑沉重的打击。四川地区的唐代墓葬中，曾经出土过越窑、铜官窑等外地产品，这说明当时瓷器的流通已经比较活跃。

三是农业的发展使得成都平原的竹木燃料不断减少，加之青羊宫窑址地处平地，不能建筑大型的龙窑和阶梯窑，从而限制了温度的提高和烧装的容量。这些因素的结合，使一座数百年的川西名窑沦为荒野和废墟。站在这块曾经火热的窑址上，让人感到历史的无情和事物变化的神秘莫测。我们缅怀这座古窑，就像缅怀一座被废弃的城市。

琉璃厂窑

成都琉璃厂窑的创建年代始于唐代中期，这正是青羊宫窑开始逐渐冷却和衰败的时候，一个富有生命力的新窑像东方初升的太阳，放射出令成都人感到炫目的光芒。琉璃厂窑位于成都东门外东南十里的琉璃场，民国初年，这里尚能见到两座被废弃的窑包。而据说在琉璃厂窑兴旺发达的年代，这里的窑包多达99座，占地总面积达到一平方公里，颇为壮观。

琉璃厂窑生产各类产品，既烧制皇家建筑用品和冥器，也烧制民间日用陶器和殉葬用品。已经被证实使用过琉璃厂窑产品的墓葬和遗址，包括著名的王建墓、明僖王陵、明代蜀王太监墓以及大量的宋代墓。

著名考古学家冯汉骥先生在《前蜀王建墓发掘报告》一书中认为：王建墓出土的陶盆、四耳罐、六耳罐和碗，"其时代约为唐中叶以后至北宋，成都附近此时期的墓葬中均出此类陶器"。由此看来，当地大量烧制的产品，非琉璃厂窑莫属。从工艺上看，琉璃厂窑生产的陶瓷器胎呈紫红色，在白色护胎釉下面还施有一层米黄色半釉，而且能烧制黑、黄、红三彩陶瓷。

北宋时期琉璃厂窑最主要的产品是日用陶器，这一点从窑址遗存和当时的墓葬中可以得到证实。比如北宋墓中比较典型的陶碗、陶执壶、小陶罐、双耳陶罐等，尤其是用绿釉绘卷叶草纹的直口、长颈、圆腹五系大罐，跟琉璃厂窑所出五系大罐完全一样。南宋时期，琉璃厂窑则大量烧制武士俑、文俑、人首鸟身俑、狗俑等殉葬品，这些器物的面貌是如此雷同，以至于我们能在成都地区的南宋砖室墓中成批找到。

到了明代，成都琉璃厂窑已被收归官办，专门为地方政府生产各类高质量的宫殿建筑用料、豪华瓷器和陪葬用品，已成为名副其实的官窑。关于这点，有以下的材料作为证明：1955年1月在成都外西瘟祖庙发掘的明太监丁祥墓中，其墓志铭有一段文字说："为至正德初，侍于今上，尤重其能，屡命于琉璃厂董督陶冶，建诸瓴甓。"这个名叫丁祥的太监比较能干，被当时的皇上任命为专管修建和采购物品的内官，琉璃厂窑生产的瓦呀砖呀、陶器瓷器什么的，都归他管理和调拨，可见当时琉璃厂窑已经明确收归国有。

成都琉璃厂窑生产的最优良的产品，我们现在仍能看到，那就是明代蜀王朱友壎墓（又名僖王陵）的地宫建筑用品和数百件琉璃瓷俑。僖王陵的地宫前庭、正庭、中庭、后殿均使用色彩庄重的琉璃砖、瓦、斗拱、龙纹沟等建筑构件。这批由琉璃厂窑烧制的建筑构件经过近500年的埋藏，依然光亮如新。该墓出土的琉璃釉瓷俑有多种颜色的混合搭配，瓷胎呈灰白色。这种颜色需经 1200℃ 以上的高温才能烧成，烧成以后的俑已经完全瓷化，敲击时能发出清脆的金属声，而且吸水性弱，虽为数百年地下宫殿潮湿空气所包围，釉面仍无一丝剥蚀。僖王陵出土的琉璃器物中，不管是建筑构件还是各种冥器和实用器，皆制作规范、雕塑精细、造型美观大方并保存完好，这说明成都琉璃厂窑在明代时的烧造技术是比较高超的。

此外，1963年发现的明太监江祥墓中出土的几件琉璃厂窑产品也很精美。一件是翠绿琉璃釉蟠螭鼎形香炉，在炉盖上，以昂首蟠螭为纽，炉足以三只扭头上昂的蟠螭头为之，瓷胎呈灰白色，全身润泽翠绿；还有一件嫩绿琉璃釉暗花瓶，在灰白胎的瓶腹上阴刻串枝莲纹，然后施以嫩绿琉璃釉，其造型之美，设计之巧，釉色之润，比例之协调，可谓巧夺天工，是琉璃厂窑难得的精品。

成都琉璃厂窑自清初就已停烧，究其原因，可能与明末清初成都地区战争破坏和人口大量减少有关。当时作为官办窑厂，地方政府官员保命尚来不及，哪里有心思来管理一座窑厂。张献忠入蜀以后的一段时间，成都地区的城镇大多沦为废墟，成都本地人死的死、逃的逃。等到湖广填四川的移民运动开展以后，外省人来到这块陌生的土地，他们对已经破败的琉璃厂窑完全没有认识，他们只关心抢占土地，这座曾经辉煌的窑场对于新移民来说只是一座废墟或垃圾堆而已。

当最后一缕火焰在炉膛中熄灭的时候，成都琉璃厂窑像一个行将就木的老人，痛苦而无奈地闭上了眼睛。

明清时期：皇家陵园与地下酒香

明清时期：皇家陵园与地下酒香

北有十三陵，南有明十陵

参观过北京明代十三陵的人，无不对明代帝王葬礼的宏大和地下宫殿的壮美发出感叹，然而有谁知道在成都也有一大片明朝宗室亲王的陵墓，墓主是被明太祖朱元璋分封到成都做蜀王的明宗室及其后裔。这一大片的"皇陵"位于成都东部十陵镇和大面镇交界的正觉山附近，到20世纪50年代，这一带仍保留着大片由松柏构成的浓密树林，陵墓区湖光山色、古木参天、红墙碧瓦，构成一处十分壮观的皇家陵园，其规模和气势丝毫不逊色于北京十三陵，故考古学家们对陵园遗址进行调查后，忍不住感叹：真是北有十三陵，南有明十陵啊。

如果没有20世纪50年代后期的"大炼钢铁"和"改土造田"，如果没有历代盗墓贼的疯狂洗劫，如今的明十陵将是成都地区最有价值的人文景观，地上陵园的肃穆阔大以及地下寝陵的精致华美必将吸引全国各地的游客前来观瞻，它的价值当然可与西安的众多帝陵相媲美。造成成都明十陵景区严重破坏的事件主要发生在20世纪50年代末，当时正觉山附近的参天古木几乎被砍伐殆尽，那些珍贵的树木被劈开，用来作"大炼钢铁"的燃料。位于正觉山陵园中心地带的一口古湖泊也于1964年被排干积水，改作"良田"。景色秀丽的一代王陵的外部环境就这样被破坏掉了，再加上历代盗墓贼数次劫掠，如今看到的成都明十陵已经显得荒芜而衰败，全然没有皇家陵园恢宏的气派了。

据文献记载和考古调查显示，在十陵镇约5平方公里的地域内，共分布着五座蜀王陵、三座蜀王王妃陵、两座蜀王府郡王陵，一共是十座明代宗室陵墓。正觉山是成都市区东郊正东方向的最高山丘，海拔534米，以此山为依托还有一道由西北向东南蜿蜒的山脊，形似巨龙横卧，据《四川通志》《华阳县志》记载,这一带的风水是很不错的。如今,当地的地方政府所在地就是以"十陵"来命名的。清代光绪二十年(1894年),当地居民曾在陵区北部挖出石人像等物,估计是陵区神道上旧有的石翁仲一类造像,被当地居民认为是石菩萨,还修了一座庙宇把它供奉起来,因传说石菩萨甚为灵验,所以取庙名为"石灵寺"。十陵和石灵这两个名字,都曾先后作为当地政府名被长期使用。

　　十座明代蜀王陵的分布情况经考古调查已经搞清楚了,其具体的位置是:第三代蜀王朱友壎的陵墓(又称僖王陵)坐落于古湖泊东岸正觉山西南坡上;僖王的第一位妃子赵氏陵墓在僖王陵南约800米的正觉山支脉上;僖王的第二位妃子陵位于僖王陵西北约300米的朱家大院北侧(估计朱家大院的居民可能是当初守护陵园的朱氏家族后裔);黔江悼怀王朱友坿(僖王的哥哥)的陵墓位于正觉山北坡空军某部队操场前,后依山,前临古湖泊;蜀怀王朱申鈘墓位于今成渝高速公路北侧东景山南坡;蜀惠王朱申凿墓位于芳山东南坡;蜀昭王朱宾瀚墓位于怀王陵东侧、史称"东山"的南部缓坡;蜀成王朱让栩墓位于青龙埝、现东风渠一侧的山凹处。此外在正觉山东南坡及青龙埝南侧,尚有一座郡王墓和一位王妃陵。十座蜀王陵如同灿烂的星辰一样散落在这一片风景优美的浅丘山地里,形成一座壮观的家族陵园区。

僖王陵

　　僖王陵位于正觉山西南坡(已发掘并对外开放),陵园平面呈长方形,建于山体前部较平缓的坡地上。考古调查显示,已毁坏无存的陵园建筑原长度为275米,宽度为120米。陵园的墙体都是用厚重的青砖砌成,墙顶覆盖青色筒瓦,从发现的瓦当来看,图案花纹多达十余种。陵园内,沿中轴线过去还建有大门神道、宫殿等配套建筑。发掘该墓时,曾在墓顶的盗洞中发现一节形体巨大的石质塑柱(可能是后人为防止盗墓再次发生而有意阻塞的),看来当时地面陵园建筑的规模是相当宏大的。

陵墓位于陵园后部的中央,墓的封土十分高大。1978年石灵乡中学建教学楼时将冢土铲除。当时人们并不清楚冢土下会有巨大的地下宫殿存在,在修教学楼挖石灰池时,才发现了地下有一座庞大的陵墓。1979年春天,成都地区的考古学家正式对僖王陵进行清理发掘。当打开地宫时,发现里面积满了陈年的雨水,不得不动用抽水机夜以继日地抽水。在抽水过程中发现一具棺木,后来证实是蜀王朱友壎的棺椁,但残破的棺椁内已无蜀王的尸骨和随葬物品。等地宫内的水完全抽干,考古学家们穿着胶靴,踩着又湿又滑的石级下到地宫内,对沉积在淤泥中的文物进行清理。

僖王陵整座墓室从八字墙到端墙的深度是31.7米,从建筑规模看,的确算得上是一座宏大的地下王宫。发掘中发现了从墓门和墓顶开凿的盗洞,证明该墓被盗不止一次。该墓墓前有一斜坡状的阶梯通向地宫,地宫距地表的深度为10米。地宫建筑依次为八字墙、墙门、金刚墙、大门、前殿、中庭、正殿、后庭,后殿、棺室、影壁、端墙。按照常人的想象,地宫无非是一个长方形的地下建筑,四面是墙,跟一个盒子差不多。其实这种看法是错误的,僖王陵的地宫跟地面的皇家宫殿几乎没有两样,层层叠叠的瓦檐飞角被装饰得耀人眼目。比如地宫的门殿和侧门采用了绿色琉璃屋面、青石梁柱和青砖墙体,大殿正脊饰满莲荷图浮雕,瓦当和滴水皆塑龙纹图案,斗拱上装饰琉璃檐椽、飞椽等。后殿脊上也雕饰有仙人骑凤、骑狮图像,配殿的石质雕花窗皆系仿木花格门、窗,雕刻的图案有变形四叶菊花和卷草图,中后庭的门楣上有由浅浮雕缠枝芙蓉、牡丹、莲荷、葵花组成的繁花似锦图。

僖王陵地宫是成都地区已发现的陵墓中最宏大精美的一座。光从地宫双扇石门浮雕的九排九颗硕大门钉上,便可见得明代蜀王的皇权意识和明代帝王丧葬制度。曾经陈放僖王棺材的棺台是莲花须弥座形,台侧浮雕有云龙戏珠图案,棺室宝顶有浅浮雕百态牡丹芙蓉图、祥云、莲花、佛家吉祥图等。僖王仰身躺在棺台的棺椁内,仰望这些华美的浮雕时,不知有何感想?

该王陵虽被盗墓贼光顾过，但仍出土了 560 多件珍贵文物，其中最有特色的是一组由琉璃厂窑烧制的仪仗俑，这些五彩的琉璃瓷俑曾经像兵马俑一样阵势威严地排列于地宫之中，数百年来，虽经地下水长期浸泡，仍然如刚刚烧出的一般光亮如新。

罗江王妃陵

罗江王妃陵是僖王的第一个王妃赵氏的陵墓，位于正觉山南侧平缓的山脊中段。1977 年，当地村民在此开挖水渠时，已将陵墓的前室和中室破坏。1979 年冬天考古学家前往清理发掘时，发现该陵墓的地宫建筑跟僖王陵非常类似，平面布局为二重殿四合院布局，整个地宫依次由前庭、正殿、后庭、后殿、棺室组成，墓室的进深为 14 米，正殿配殿皆大量使用绿色琉璃瓦屋面，地宫建得金碧辉煌，华丽绚烂。

此次发掘共出土文物一百余件，多为瓷俑和其他瓷器。根据现场探测，还在地面发现一长约 90 米、宽约 50 米的陵园建筑。想当初，红色的围墙掩映着参天的古木，周围是幽静的湖光山色，整个陵园与其他九座陵园遥相呼应，该是一种多么壮观的景致。

僖王继妃陵

僖王继妃陵坐落于正觉山西麓的台地上，面朝古湖泊。该陵墓现在的券拱已坍塌，估计被盗的情况也很严重。塌陷的王妃陵像一座被废弃的古城，四周长满荒草。考古学家们在进行地面调查时，发现该墓原来也有一座长 90 米、宽 50 米的地面陵寝建筑，这个依山而筑的宏大建筑不知何年何月被破坏了，考古学家仅在荒草中捡拾到一些琉璃瓦鸱吻构件和凤纹琉璃瓦当，这些东西可以证明当时有高大的明楼建筑耸立在陵园中。

黔江悼怀王陵

该陵墓位于正觉山北面缓坡上，尚未发掘，墓主为僖王的胞兄。20世纪七八十年代，当地村民在陵墓遗址挑土，曾发现用明代大砖砌成的排水沟以及大殿基石和条石等。悼怀王比僖王早死8年，估计其地宫建筑也与僖王陵相仿，只是规模略小而已。1979年僖王陵考古发掘清理小组曾于该陵墓附近采集到一些绿色琉璃建筑残件，证明也有地上陵园的存在，但目前由于受地面建筑、道路、操场及农耕活动的影响，其陵园范围尚无从考证。

怀王陵

怀王系第四代蜀王，其陵墓在今成渝高速公路北侧一浅丘（史称东景山）南坡上，整个陵墓依山而筑，前低后高，该地风景十分优美。据当地村民回忆，1985年时，陵墓的封土仍高达4米以上，而在20世纪三四十年代，墓冢有7～8米高的封土，当地人称这个大土包为"皇坟"。由于该墓未经发掘，所以地宫现状和被盗情况（根据正觉山一带陵墓的毁损情况看，被盗的可能性极大）还不清楚。但从地上残留的遗迹可以看出，当初的陵园建筑非常雄伟，陵园面积长约275米，宽约140米，整个陵园分成前、中、后三部分，各部分之间有砖墙相隔和门道相通。在陵园中部遗址，有一个农民建房取土形成的黄土断面，上面可见琉璃瓦屋面大殿倒塌后形成的厚达一米的砖瓦堆积层，后来从瓦砾中清理出琉璃筒瓦、勾头、滴水、斗拱、椽子、板瓦等残片多块。地面调查也采集到一件完整的绿色琉璃瓦龙纹滴水，其工艺及图案绘制水平皆很高，是明代成都琉璃厂窑的典型产品。根据陵园布局推测，那座倒塌的大殿应为明楼建筑。

惠王陵

蜀惠王朱申凿1472年登上蜀王王位，1493年8月去世，在位22年，其陵墓在芳山东南坡上，现有约3米高的封土。山下原来竖立一块"大明蜀王圹志"石碑，1924年该碑移往当时的成都通俗教育馆展出，后收藏于四川省博物馆。按照明代葬制，这块圹志应为惠王墓室中的物品，它被移出地宫，可见该墓的损坏和被盗情况非常严重。

从地面残留物推测，惠王陵的地面陵园建筑应与怀王陵相同。

昭王陵

昭王陵发现于1991年，因修建成渝高速公路，路基要从陵墓正上方横跨过，在挖路基时发现了该陵墓，经发掘清理后，搬迁到现僖王陵陵园内异地保护。昭王陵地宫以青石仿照蜀王府地面宫殿木结构建筑修造，进深达21.77米，从大门入内依次为前庭、前殿、中庭。因是夫妻合葬墓，所以中庭以后又分为左右正殿、左右后庭、左右后殿和左右棺室。当初发掘时，此陵墓地表尚存一高度为5米、直径达33米的大土堆。昭王陵地宫修筑得十分华丽，正殿的隔墙为青石高浮雕二龙戏珠影壁，墓室墙体皆彩绘红墙绿瓦，龙凤浮雕饰以金箔。左右两间棺室的棺床均为须弥座，其中昭王的棺床有云龙浮雕，昭王妃的棺床有霞凤图案浮雕。地宫内多处墙身有彩绘的仿木花格窗，墙顶有石刻仿木建筑瓦屋面顶、五瓣芙蓉纹勾头和滴水，不愧为一座富丽堂皇的地下宫殿。

根据地面调查，昭王陵原有一长263米、宽约130米的陵园建筑。该建筑依山而筑，陵园墙厚达1.5米，墙基均用龙泉山绿色砂砾岩条石修砌，墙体则用青砖垒砌。陵园沿中轴线还建有大门、神道、供坝、享殿、寝园门、陵寝台、明楼等建筑，气派十分雄伟。

香花寺蜀王陵

　　该陵墓为十座蜀王（或王妃）陵中规模最为宏大的一座，估计应为成王陵墓。据当地村民回忆，在该墓室大门上方原有一可容一人进出的洞，看来早年已被盗过。如今墓的上方尚存一高近 3 米、直径达 40 米左右的大土堆，据说此土堆在 20 世纪 70 年代仍有 6 米高，可是由于村民垦荒种地，高大巍峨的封土已基本被夷平了。1958 年修建东风渠时，因无法凿开墓顶的三合土层，因而将渠道改由墓室前弯曲通过。

　　成王陵墓原址位于一凸入湖泊的窄长台地上，三面环水，翠柳拂堤，两侧各有一山丘相峙对望，环境十分优雅。该陵园占地面积多达 75 亩，陵园前部即为突入湖中的台地，有宁静的湖水作为隔绝陵园与外面相连的天然屏障，陵园的中后部沿中轴线建有券拱顶砖砌墙体、绿色琉璃瓦顶大门、神道、宫殿、方城明楼和宝城等。其中神道全长约 200 米、宽 28～32 米，两旁伫立着高大的石人石马，可惜这些壮观的景象我们今天已无法看到。在陵园中间位置，考古学家在荒草中发现 9 个方座鼓镜式柱础，这些巨大的柱础就是当初陵园建筑的支柱基础。此外还发现大量建筑残件，如琉璃斗拱、椽子、筒瓦、勾头、滴水、脊瓦等，还有由红砂石砌成的渗井、排水沟等。

　　最引人注目的发现，是在陵园遗址里找到一层未燃尽的木炭和被火烧焦的红褐色土，表明该陵园很可能是被一场大火所焚毁。在试掘工作中还发现五爪和四爪的云龙纹滴水、凤纹滴水，该迹象表明此陵墓为夫妻合葬陵墓。五爪和四爪的云龙纹滴水也可表明此陵墓的等级，因为四爪龙纹滴水是明代亲王等级的府第和陵园才能使用的建筑构件，而五爪龙纹滴水则表明该陵园内有皇帝御赐的物品，比如匾额之类的东西。

青龙村王妃陵

此陵估计为成王继妃或次妃墓。据当地老百姓口述，20世纪70年代此陵墓地表尚有一高约4米的圆形封土，可是后来因垦荒种地，被夷为平地。1973年此陵墓曾被当地村民掘开，发现地宫为二进二重殿四合院式布局，除券拱用砖修砌外，其余均用青石铺成，墓室的进深估计有15米左右。村民打开这座陵墓时，发现被盗的情况很严重，墓室内一片狼藉，几乎没有留下什么珍贵的文物，只在前庭发现一块尚未被毁坏的刘氏妃圹志石碑，刘氏妃曾经使用过的楠木棺材也被撬开，后来这两件物品也被当地村民毁掉了。现在保留下来的只有地宫建筑，因为那些巨大而沉重的石材一般村民无法挪走。

据调查，该陵墓旧址原有一长约93米、宽约45米的地上陵园，陵园的围墙是用红砂石砌成墙基，再在墙基上用青砖砌起墙体，厚约1.5米。从遗址上发现的建筑残件来看，当初的陵园墙顶是使用的灰筒瓦和琉璃瓦覆盖，跟其他几座陵园一样金碧辉煌，十分宏伟。

无名郡王陵

该墓位于朱家祠堂东南的田里，当地人旧称"半边坟"。为何称半边坟呢？原来该墓早年被毁，地宫所用砖石被大量拆除用于修建祠堂。朱家祠堂建于清乾隆十八年（1753年），其墙基地面到处是楔形的明代墓砖，祠堂后面的保坎也是用明代墓砖修筑的。当地村民近年还拆取数百匹"半边坟"的明代墓砖用以建房，估计墓室的下部建筑还在。

通过对以上十座明宗室王陵的一一观察，怎能不叫人唏嘘感叹：如此雄伟壮丽在南方地区少见的皇陵区被保存得如此之差，真是对中国传统文化的践踏和亵渎，使成都失去了一次跟西安、北京、南京等皇陵集

中城市相媲美的机会。我们知道明代最后一代蜀王朱至澍是在张献忠攻陷成都时投井自尽的，

在此之前，蜀王每年还坐着车轿到成都东面的正觉山去祭祀，当初明十陵有良好的水文环境和林木资源，陵园的建筑高低错落掩映在红墙绿树之间，连绵达数公里。除了山光水色的优雅环境外，还有专门的机构负责陵园的维修和每年的祭祀活动。这一切都使得成都明十陵在许多年的时间里得以保存完好。

但是自从清兵入关，张献忠的农民起义军进驻成都，社会秩序混乱，使得原本壮观的明十陵遭受到前所未有的破坏。疯狂的盗墓者也许在明代就已经对明十陵实施过盗掘，但那时都是暗中进行的，而现在他们可以明火执仗地大干了，几乎所有的王陵都被洗劫一空。当明十陵辉煌的陵园建筑被大火焚烧时，滚滚的浓烟遮盖了成都的半边天，这情景叫人想起项羽火烧阿房宫。当连续半月的大火熄灭以后，雕梁画栋的雄伟建筑通通化为了灰烬。

成都水井街酒坊遗址

成都水井街酒坊遗址是四川名酒全兴酒的发源地，这是一座始建于明代而连续使用到近现代的白酒作坊遗址。对该遗址的发掘是目前国内首例对古代酒坊遗址进行全面揭露的专题性考古，具有十分重要的学术意义。如今，一种名为"水井坊"的名贵的全兴白酒，已经带着这次考古发现的神奇而香飘海内外了。

意料之中的发现

1998 年 8 月，全兴酒厂在位于府河与南河交汇点东侧的水井街建厂房时，发现了地下大片的古代酿酒遗迹。1999 年 3～4 月，四川省考古队的考古学家和成都地区的考古学家联合对该遗址进行了考古发掘。经勘探，地下的酒坊遗址面积约为 1700 平方米，因房屋的遮盖等原因而可供发掘的面积不得不大打折扣。即便如此，在这面积不大而自始至终飘散着酒香的发掘中，也发现了不同时代的酒窖、晾堂、灶坑、蒸馏器基座、灰坑、路基、木桩及柱础、墙基等遗迹多处，为我们追溯全兴酒的历史提供了难得的依据。

此次发掘共揭露出晾堂三座。晾堂是酿酒过程中用于拌料、配料、堆积和前期发酵的场地，其使用的建筑材料有青灰色方砖和三合土两种。晾堂地表因长期受酒糟中的酸性液体腐蚀，现在已经凹凸不平了，看起来就像一张长满酒糟的脸。想当年，那些堆积如山的谷物原料被堆积在晾堂上，工人们用长柄铲和长柄锄对这些原料进行搅拌，加入保密的配料。被打湿的谷物经过堆积开始变热，微微散发出蒸气，一些类似酒香的气息慢慢弥散出来。从这三座晾堂的使用年代看，它们被连续使用多年，有的还进行了扩建，以保证酒厂规模逐渐扩大的需要。

酒窖在这次考古发现中一共发现八座，它们像陷在地里的巨大的酒缸，呈现出口大底小的斗状形，但窖口不是圆的，而呈规格不一的长方形状。大部分的酒窖内壁和底部都用黄泥土涂抹而成，泥层的厚度有的达到25厘米。酒窖是谷物加入酒母进行发酵的地方，因而特别重要。按照传统的看法，酒窖的历史越悠久，它酿出的酒液就越芬芳，所以我们会看见或听见某某老窖之类的名酒品牌。酒窖中的泥壁由于长期受到酒母和酒液半成品的浸泡，所以变得异常醇香，并散发出一种谷物般的饱满光泽。

蒸馏器基座的发现是这次考古发掘中的重要收获，因为窖池中发酵老熟的酒母虽然也算是酒，但酒精的浓度还很低，需要进一步蒸馏和冷凝，才能制成具有较高酒精浓度的白酒。水井街发现的蒸馏器基座是一残高约0.4米、直径为2.25米的圆形石盘状遗迹，盘上砌有两圈砖石结构的立壁，壁间填满砖、石块和灰浆。白酒的蒸馏过程一般是这样的：在下面的一只大锅里放入脂化老熟的酒母，火焰从基座下部加热使之沸腾，而这口锅的上方还有一口锅，锅内装的是冷水，随时更换，它的作用是使烟雾状的蒸汽冷凝成液体，然后通过特制的管道流入旁边的容器中，形成清冽芳香的酒。从此基座内部残留的烟炱来看，它应当是放置"天锅"的基座遗存。

此外在遗址内还出土了大量的碗、盘、杯、碟、灯盏、壶等，其中以酒具最为丰富，这些陶瓷器皿当初都是用来盛酒、品酒的器具，可能不同形状和花纹的瓷器用来装不同品种的酒液。用泥土封了口的新酒被抬到后院的围墙下陈列起来，每一口酒缸上都插了小旗，标明酒的生产时间和种类。在发现的酒器中，以青花瓷器的装饰图案最为漂亮，大多饰有折枝和缠枝花卉纹或卷叶纹，有的还饰以鱼纹、鸟纹或梵文等。这些酒器大多为民窑烧制，上面的款识可以辨认的有"锦（江）春""天号陈""永保长寿""富贵佳器""（状）元（及）第"等，虽然不是什么名贵的皇家用品,但却充满了平民生活的温馨、淳朴和快乐。

前店后坊

　　考古发掘中发现的支柱墙基等遗址,说明当时水井街酒坊除了酿造车间之外,还有临街的店面卖酒。穿着长衫的老板和戴着眼镜的账房先生坐在柜台后面,靠墙的地上和架子上陈列着各种名号的全兴酒。成都的酒店和外地的酒贩都到这里来买酒,他们有的挑着担,有的推着车,生意红火的时候整条水井街都被堵塞了。虽然账房先生整日沉浸在浓烈的酒香中,表面看来有点醉醺醺,但打起算盘来依然噼里啪啦不出差错。

　　据史籍记载,全兴酒是由来自陕西凤翔府的王氏兄弟创造的,创建时间约为清代乾隆年间。这种说法明显与水井街酒坊遗址的考古发现不吻合,因为酒坊是从明代就开始使用了。如果史籍记载无误的话,那么王氏兄弟就是在前人留下的作坊基础上创建了全兴酒坊。全兴酒在清代的四川十分有名,到了民国年间,成都最著名的餐饮娱乐场所几乎都使用全兴烧坊酿制的全兴酒,比如华兴街的"颐二时",棉花街的"中国食堂",总府街的"明湖春",提督街的"长春园",忠烈祠南街的"荐芳园",陕西街的"不醉无归小酒家"和"率真诗社"等,真可谓"酒好不怕巷子深",全兴酒赢得了嗜酒者的一片喝彩。

　　关于全兴酒,民间还流传着许多逸闻趣事,在成都市民心目中,清朝末年的"全兴烧坊"是个值得向往的地方。每天这里汇集着推车抬轿、挑葱卖蒜的平民百姓,也汇聚着穿长衫戴礼帽的"五老七贤"一类人物,酒成了令成都人感到幸福和充实的东西。

　　据说有一天夜里,北风呼啸,烧坊伙计正打算关闭店门,烫个热水脚,钻进被窝里睡个好觉。忽然间,一个手提灯笼的人跌跌撞撞闯进店来,开口说:"伙计,打两斤好酒来!"伙计把嘴一撇,说我们早都结账了,酒也卖完了,你还是明天来吧。不料来人却将酒壶往柜台上一放,高声说："伙计帮帮忙，我是走了一个通城专门来你这儿买酒的呀！今天晚上，我家里来了一个远方贵客，听说你们这儿的酒好，就无论如何也要让我到你们这儿来打酒。"

伙计把两只手笼在袖子里，耐心解释说："客官，实在对不起，你看这柜上酒坛子全是空的，要不，你到别的烧坊看看？"来人听伙计不肯破例，就一屁股坐在凳子上，生气道："我要买别家的酒，还用半夜三更跑个通城吗？实话告诉你，我一路上经过了邓兴泰、金源长、拔瓮云、永兴敬（当时的成都烧坊），我连停都没停，瞧都没多瞧一眼。老板！你到底卖不卖？"

伙计被缠不过，只好吩咐已经上床的小徒弟："到后面库房里取一坛酒来！"小徒弟穿好衣服，哆哆嗦嗦地拿钥匙开门。门刚一打开，库房里甘洌的酒香就像六月的风一样迎面飘来。来买酒的顾客哪见过这阵势，也提着灯笼吸着鼻子去看稀奇。小伙计捧起一个酒缸子，刚一转身，就和顾客撞个满怀，由于他刚从被窝里出来，两手冻得又僵又麻，再跟顾客一撞，酒缸"砰"的一声掉在地上，砸个粉碎。满地流淌的酒液在灯笼的火苗下噔地一下燃起来。这下子可不得了，很快就引燃了库房，库房里的几十坛酒都乒乒乓乓炸开了，酒液在蓝幽幽的火苗映衬下四处流淌。

等这一场大火扑灭，全兴烧房也烧得只剩下一个空架子了。尽管这是一场意想不到的灾难，但全兴酒纯度高、成色好的名声却因此传播得更远了。

还有一个故事说，全兴烧坊出名以后，外地酒贩也常赶着驴、挑着担前来贩酒。有一年夏天，四五个外省的酒贩来成都全兴烧坊买酒。他们走到水井街的全兴烧坊一看，只见到处摆放着鸡公车、酒桶子、酒挑子，骡呀马呀歇了一地，柜台前更是挤不动，人声鼎沸，像在抢购什么稀世珍宝似的。这几个酒贩一看这阵势，只能站在外面等。可是等了大半天，还是没轮上。于是一个酒贩就说：咱们还是到别家去买吧。另一个酒贩也附和说：就是，与其在这里耽误工夫，不如买别家的好酒——听说成都的好酒遍街都是。

几个外省酒贩刚一转身,恰好被柜台后面忙得晕头转向的账房先生看见。他向伙计使了一个眼色,那伙计就用手肘轻轻一撞,把柜台上一小缸陈年好酒撞到地上打碎了。一时间,柜台前面买酒的酒贩都高声叫好。那几个走出烧坊的外省酒贩也是行家,刚一闻到酒味,就腿也软了,走路也没力气了,纷纷说:真是名不虚传,好酒!好酒!于是几个人又规规矩矩地回来排队,不买到全兴烧坊的酒,誓不罢休。

水井街酒坊遗址的发现,为全兴酒找到了源头,也为研究我国白酒酿造工艺的发展找到了物证,从丰富中国酒文化的内涵来讲,水井街酒坊遗址的发现,具有不可估量的价值。

神秘的酿造技艺

水井坊酒起源于距今六百多年的宋代,酒坊位于今成都市锦江河畔的水井街。这个古老而神秘的酒坊由于受到"夏无酷暑、冬无严寒、气候湿润、雨量充沛"的独特气候影响,并且位于都江堰水系支流成都府河和南河的交汇处,因此为酿酒工艺的形成和发展提供了得天独厚的优越条件。

四川素有"佳酿之乡"的美称,所产的酒在中国酿酒史上具有独特的地位和深远的影响。早在四五千年前的古蜀时期,先民就已经发明了成熟的酿酒技术。在大量的考古资料中,可以发现无论是三星堆,还是更早时期的蜀文化遗址中,都有大量青铜和陶制的酒器出土,这说明古蜀人对酒的认识已经达到很高的程度。秦汉以后,蜀酒文化更为繁荣和兴盛,从描绘当时社会生活实况的汉画像砖上,我们可以知道当时的人们酿酒、卖酒和饮酒的场景。唐宋时期,成都的酒文化高度发达,许多诗人骚客用他们的唇舌和笔墨,真实地记录了当时美酒的芬芳和甘洌。"万里桥边多酒家,游人爱向谁家宿""蜀酒浓无敌,江鱼美可求""兴来买尽市桥酒,大车累落堆长瓶"。这些散发着美酒醇香的诗句强烈地传达着一种信息,那就是唐宋时期,成都的酿酒工艺达到了空前繁荣的地步。据统计，宋代时成都酒税收入居全国之首，也从另一个侧面反映出成都酒文化的兴盛和发达。

水井坊酒独特的酿制技艺之所以引起人们的兴趣和关注，很大程度上源于水井街酒坊遗址的发现和发掘，因为这个连续使用长达数百年的古老酒坊为人们揭开了中国白酒配制技术的秘密。

水井坊考古发掘令人惊叹，连专家们都忍不住惊叹："酿造工艺研究领域十分难得的珍贵实物资料，可以复原出传统白酒酿造工艺的全部流程，堪称中国白酒的一部无字史书，可誉为中国白酒第一坊。"这样的评价其实并不为过，考古过程中不但发现了完备的酿酒工艺设施，而且还发现了古老酒窖中罕见的微生物菌群。发现的酒窖、晾堂、蒸馏设施都非常完整。重要的是，科研人员从明代的酒糟中分离出包括"水井坊一号菌"在内的几种独特的酿酒微生物。还在遗址的发掘中发现了天锅的使用，确凿无疑地证明水井坊在元末就已经全面采用蒸馏法进行白酒生产。

由于水井坊遗址对白酒酿制工艺，甚至包括中国白酒的起源和发展都具有重要的研究价值，因此它当之无愧地被列入1999年全国十大考古新发现，2001年又被列为全国重点文物保护单位，还被国家质检总局认定为原产地域产品保护区域。

水井坊具有独特而悠久的历史，从宋代到今天，先后生产过锦江春、薛涛酒、天号陈、八百春、福升全、全兴成、全兴大曲、水井坊酒等知名白酒产品，深受人们的赞赏和喜爱。人们常说老窖出好酒，那么水井坊酒跟古老的酒窖到底有什么神秘联系呢？科研人员在对水井坊窖池泥样理化特性和厌氧功能菌区进行系统研究时，发现了一些独特的微生物菌群，这可能是使水井坊酒淡雅甘醇的最主要原因。根据已有的科研成果来看，浓香型白酒中含有四百多种物质，其中仅有二十多种物质含量较大，而剩下的数百种复杂物质的含量都非常低，这说明含量低的复杂物质对白酒口感和风格的形成起了决定性的作用。

水井坊酒窖遗址发现以后，四川全兴股份有限公司投入大量人力、物力及财力，对遗址进行保护和科学研究，并把研究成果和现代酿酒技术相结合,从而生产出"浓而不艳,雅而不淡"的全新白酒产品。

水井坊酒的酿造有十分严格而独特的工序,这多半得益于身怀绝技、经验丰富的酿造师傅们的长期观察和实践积累。水井坊的酒曲分为两种:一种是三月桃花盛开时节制作和培育的桃花曲,一种是盛夏高温天气培制的伏曲。曲为酒之骨,水井坊以上两种酒曲在色泽和香气上都明显不同。除此之外,还有制成砖块形状的陈曲,配合其他两种曲一起使用,可以酿造出不同口感的芳香白酒。

身怀绝技的水井坊酿酒师傅,在白酒配制的整个流程中配料、上甑、蒸馏、观火、摊晾、下曲等关键环节都有独到的体会和技艺。大酢师是烧坊中的关键人物,尤其是配料工序必须由他亲自掌握,精髓是"稳、准、细、净"四字。水井坊能产出上等的好酒,除了酿酒技术的传承和积累,还跟它连续使用数百年的窖池有很大关系。据说水井坊的老酒窖都是从凤凰山取土而筑,这种土黄得发亮、黏得腻人、保水持久、密封性好且极其难得。俗话说"以糟养窖,以窖养糟",说明窖池和酒糟之间是一种相互依存和促进的关系。

水井坊酒酿制技艺具有极高的历史文化价值、科学研究价值和实用价值。它完美地呈现了中国白酒的生产和酿造流程,是难得一见的白酒配制"博物馆",而且为研究中国白酒蒸馏技术提供了物证。同时,它还对我国酿酒行业工艺传统和产品风格发展作出了独特的贡献。

主要参考文献

[1]《文物》各期

[2]《四川文物》各期

[3]《成都文物》各期

[4] 成都市博物馆.《文物考古研究》.成都出版社,1993

[5] 成都市博物馆.《成都汉代画像砖(石)资料选集》(内部资料)

[6] 成都市文物考古研究所.《成都考古发现》.科学出版社,2001

[7] 成都市博物馆.《成都地区文物考古文献目录》(内部资料)

[8] 成都市文物考古研究所,北京大学考古文博院.《金沙淘珍——成都市金沙村遗址出土文物》.文物出版社,2002

[9] 成都市文物考古研究所.《成都市文物考古研究所2001年度考古报告》,2002

[10] 中国社会科学院考古研究所.《考古》

[11] 陕西省考古研究所,洛阳市文物工作队.《考古与文物》

[12] 中国社会科学院考古研究所.《考古学报》

[13] 江西省社会科学院,中国农业博物馆.《农业考古》